如何使自己的孩子成人和成材

张守珍 王玲/编著

中国文联出版社

http://www.clapnet.cn

图书在版编目（ＣＩＰ）数据

如何使自己的孩子成人和成材 / 张守珍,王玲编著. -- 北
京：中国文联出版社, 2020.7
ISBN 978-7-5190-4135-9

Ⅰ.①如… Ⅱ.①张…②王… Ⅲ.①家庭教育 Ⅳ.①G78

中国版本图书馆 CIP 数据核字(2020)第 106719 号

如何使自己的孩子成人和成材
(RUHE SHI ZIJI DE HAIZI CHENGREN HE CHENGCAI)

编 著 者：张守珍　王　玲	
终 审 人：姚莲瑞	复 审 人：王柏松
责任编辑：周小丽	责任校对：常成龙
封面设计：东方朝阳	责任印制：陈　晨

出版发行：中国文联出版社
地　　址：北京市朝阳区农展馆南里 10 号，100125
电　　话：010-85923036（咨询）85923000（编务）85923020（邮购）
传　　真：010-85923000（总编室），010-85923020（发行部）
网　　址：http://www.clapnet.cn　　http://www.claplus.cn
E－mail：clap@clapnet.cn　　zhouxl@clapnet.cn
印　　刷：北京长宁印刷有限公司
装　　订：北京长宁印刷有限公司
本书如有破损、缺页、装订错误，请与本社联系调换

开　　本：710×1000	1/16
字　　数：152 千字	印　张：13.5
版　　次：2020 年 7 月第 1 版	印　次：2020 年 7 月第 1 次印刷
书　　号：ISBN 978-7-5190-4135-9	
定　　价：56.00 元	

目　录

前　言

　　为使孩子成人和成材，每个家庭、每个父母都十分关心和重视，并且有强烈的愿望。但怎样实现这一愿望，在认识和做法上，不同的家庭、不同的父母，差异是很大的。现实是更多家庭与父母，都把精力放在使自己的孩子成材上，如何使他们成人——正常人则注意不够。所谓"正常人"就是指符合一般规律的人，即身体正常、智力正常、品德正常、性格正常、心态正常、心理正常等。家庭教育中的成人和成材哪个在先，哪个在后？有些父母不太清楚，一说起家庭教育就是让孩子成材，一说成材就是学习好，而忽视孩子德智体全面健康发展。家庭教育，孩子上幼儿园、小学，甚至初中，其主要目的、主要任务，是使孩子成人。只有孩子成人了，他们才有成材的可能。什么叫孩子成材？一谈起孩子成材，父母总认为孩子成为××家叫成材、当个什么级的官叫成材或做一番轰轰烈烈的事业叫成材，等等。我们家长对孩子成材应该有正确的认识，所谓孩子成材就是使他们成为一个对社会、对人民有用的德才兼备的人——不管他们做什么工作都兢兢业业、尽职尽责，努力把自己的工作做到最好。树要长高长粗长直成材，就得有一个使它成材的条件和环境；孩子要成材，除条件和环境外，还得勤教育。事实上家庭教育，使孩子成人和成材并没有严格的界限，只是在孩子不同年龄段有所侧重，同样的事情早讲、晚讲、讲的深度和广度也有所区别而已。

一个几十层或上百层的高楼大厦能稳稳矗立在那里，靠什么，就是靠它有牢固的基础；一个人要想有成就，做一番事业，也需要有牢固的基础，这个基础就是先把孩子培养成德智体健康的正常人，尤其是孩子要有一个强壮、精力充沛的身体和一种健康的思想与性格。

家庭、幼儿园、小学、初中是孩子德智体健康成长的重要场所，孩子有一个好习惯主要是在幼儿园养成的。心理素质教育从幼儿园到大学都要进行。例如，有一些人学习不错，但心理素质较差，遇到困难、遇到突发事件，不知所措，甚至精神崩溃。家庭教育主要是在孩子身体健康的前提下，对他们进行人品教育、道德和心理素质教育，帮助他们养成一种良好习惯。培养孩子良好的生活习惯和学习习惯，孩子将终身受益。

年轻的父母不能强调自己工作忙、不能为追求自己事业的成功，而把孩子的教育和管理，推给爷爷奶奶或姥爷姥姥，隔代教育是极少能把孩子教育好的。这并不是祖辈没有学问或本事，而是在孙辈的心中他们的地位、认知和自己的父母相比差异很大。在孩子看来，生自己、养育自己的是父母而不是祖辈……只有父母亲自培养自己的孩子，看到孩子天天健康成长，心里高兴和踏实，父母的事业才没有后顾之忧……更重要的是，子女不仅仅是父母的孩子，他们还是国家的希望和未来，因为我们今天所从事的各行各业，明天都要交给他们。所以家庭教育的意义深远而伟大，父母把家庭教育抓好既是责任又是义务，是利在当代，功在千秋。

　　从古至今，随着时代、社会的发展，我们的祖先不断地发展和丰富家规、家训、家书等家庭文化。这些家庭文化是重教务学、崇文尚武、德业并举和廉洁自律等。它是我们今天家庭教育、人才培养的重要内容之一。

　　在孩子成人和成材过程中，重文明、讲礼貌教育是十分重要的。我国在经济取得巨大成就的同时，在家庭教育上应加强精神文明建设。一个德智体健康的孩子应该是一个文明的孩子。文明教育就是培养孩子崇尚文明、讲究礼仪、与人为善、崇德向善、以诚待人、尊老爱幼的传统美德。孩子的文明表达是孩子进步的状态，是衡量孩子对美好未来的向往程度。

　　在家庭教育中父母要特别注重对孩子进行节约与勤俭教育。一粥一饭，当思来之不易；半丝半缕，恒念物力维艰。节俭不仅是节约钱财，主要是帮助孩子磨炼自己的品质，培养孩子珍惜自己和别人的劳动果实；聪明很重要，勤比聪明更重要，勤是万事成功之本，勤是人的高贵品质之一。一个孩子如果勤快，又善于思考，将来一定有出息。有人确实很聪明，但他迷信、沉醉于聪明，而疏于勤，结果一事无成。

　　孩子在成长过程中，经济上要"紧一点"，要培养他们的吃苦精神。吃点苦会使他们学会感恩，知道感恩苦就不再是虚空；他们吃一点苦，可能会使他们懂得物力维艰、一丝一缕来之不易，懂得惜福，磨炼出勤俭的好品质。少年时就有一种对吃苦的风度，长大后才可能是一个强者。

　　家庭教育是育人，就是使孩子有理想、有道德、有文明修养、有良好的习惯、友爱向善、乐于干家务和做公益事业；家庭教育是育人，育人是一项艰巨的工程。孩子大了都有梦想，都有追梦的激情，家庭教育就是要帮助他们圆梦。圆梦是一个长期奋斗的过程，要培养他们的坚强意志和吃苦精神。孩子进入青少年时期以后，要注意他们人生观的导向，适时地对他们进行社会主义核心价值观的教育，培养他们的爱国思想和敬业精神。要把孩子培养成有优秀人格、优秀品格、心理素质好的人。为此，父母必须有责任心、耐心和恒心，以"积跬步"和"镂金石"的不懈精神，坚持把家庭教育抓好。"功夫不负有心人"，父母只要尽心、尽职、尽责，只要对孩子充满爱与亲情，就一定能把自己的孩子教育好、培养好……家庭教育只有进行时而没有完成时，只有更好而没有最好……

家庭教育

孩子成人篇

家庭教育如"前言"所述，父母要把自己的孩子先培养成人，即成为一个德智体（包括心理）都健康的正常人，为孩子的未来打下坚实的基础。为达此目的，我们要弄清楚家庭教育的定义、家庭教育的特点、家庭教育的重要性、家庭教育的方式和家庭教育的内容等。同时在本篇里介绍一些国外家庭教育情况，供大家参考、切磋，从中汲取精华。

第一章　家庭教育的含义与特点

　　大量事实说明，随着经济和社会的发展，家庭教育越来越重要。不但在中国，在许多发达国家也是如此。由于重视家庭教育而更重视对家庭双亲的教育。目前中国有许多家长学校、家长辅导班，美国有"全美双亲协会"，英国有"全国双亲教育联盟"，法国有"全国家庭教育学中心"……早在1965年，在比利时布鲁塞尔召开了世界性的国际双亲教育会议，正式成立了"双亲教育国际联盟"。这一切都表明，双亲在家庭教育中的重要性，合格高素质的父母才能教育出合格高素质的孩子。

家庭教育的含义

　　家庭教育是指在家庭内由父母或其他长辈对新生一代和其他家庭成员所进行的有目的、有意识的教育。家庭教育从含义上也可以有短期的家庭教育和长期的家庭教育之分。短期的家庭教育主要是指一个人从出生到成年之前，由父母或家庭其他长者对其进行的有意识的教育。具体地说，就是把孩子培养成一个德智体都健康的正常人。所谓长期的家庭教育，是包括短期家庭教育在内的、孩子一生的教育。即指家庭成员，从家庭、社会、历史等综合性育人资料，来教育和指导孩子未成年前和成年以后有长远影响的教育，包括本书"成人篇和成材篇"两部分的全部内容，指导和影响一个人一生的教育。

家庭教育作为一种独立的教育形式，先于学校教育。家庭是儿童教育的主要场所。家庭教育是儿童实现社会化的先期教育和奠基教育。如果家庭教育是高水平的，就能成为调整学校教育、净化社会影响的枢纽。从孩子身心健康和培养他们的良好习惯来说，家庭教育是其他教育无法替代的。

家庭教育的特点

家庭教育的特点是由家庭教育的独有的特点所决定的。家庭教育同学校教育和社会教育有许多不同之处。

家庭教育的先期性

一个人最早受到的教育就是家庭教育，第一所学校是家庭，第一任老师是父母。家庭的生活环境和父母的言行举止，从小就对孩子产生深远影响。幼儿或儿童正是从家庭教育中学会了最初的语言、语言交流和思考，学会了辨别事物，初步懂得区分是非美丑，辨别善恶荣辱，形成最初的道德观念和行为习惯。幼儿或儿童所受到的家庭教育，成为他们以后发展的重要基础和出发点。

儿童在家庭接受的初步教育，对后来的学校教育、社会教育具有先期性质。由于父母进行的家庭教育，已在儿童心理上起到了初步定向作用，即先入为主，对以后学校、社会等后续教育总是产生一定的印证、比较与筛选作用。他们在接受新的教育或新的影响时，经常是在不断依据家庭先前灌输给他们的对事物的看法，来修正自己的经验，并不断把自己的经验与家庭成员的经验相对照，建立一次次的循环反馈联系。

家庭教育的感染性

所谓家庭教育的感染性是情感的一个重要特点，是指一个人的喜怒哀乐等情感，能引起亲人或别人产生同样的，或与之相联系的情感。它像无声的语言，对人起着潜移默化的作用，它是一种"润物细无声"的教育力量。感染性在家庭教育中有着特殊的意义。由于父母子女之间存在着天然的血缘关系，生活在一起，彼此心心相印、息息相通，情感的感染性就显得更为直接、更为强烈，没有一点变色、变味和筛选。家长的好恶取舍，常常决定和影响着子女的好恶取舍。家庭教育的感染性，是任何说服力很强的言语说教都难以代替的。

家庭教育的感染性如此强烈，这就给家长提出了自己言行举止的标准：一定要用高尚的、文明的、积极的言行影响孩子。

家庭教育的权威性

家庭教育为什么会具有权威性，其原因是：父母和子女之间有血缘关系，在性格和感情上有着天然的联系；孩子从生下来一直到孩子未成年之前，经济上完全依赖父母，子女对父母经济的依赖，在感情上必然有着特殊的依恋，特别是孩子稍大些后，看到父母早出晚归，辛勤劳作，是父母的汗水在养活着这个家，对父母就格外敬重和亲近；父母和孩子吃在一起，睡在一起，玩在一起，孩子的欲望都是通过父母来实现，父母和孩子之间无拘无束，完全融合在一起；父母丰富的经历、成熟的思想以及在家里的良好形象等，这一切都会使家长在子女心目中树立起高大、权威的形象。

上述的一切活动，在子女心灵中，对父母的尊重、尊敬和信任的心理逐渐形成。子女的这种心理状态一旦形成，他们就会乐意地去接受父母的教育、要求和劝导，向父母期望的方向发展，从而使家庭教育取得理想的效果。家庭教育的权威性不单是靠说教，更重要的是家长通过实际行动来树立。

家庭教育的个性化

家庭教育的又一特点就是它的个性化。个性化教育就是做到"私人定制""量身裁衣"。俗话说："知子者莫如父母。"这是因为孩子一生下来就首先进入家庭生活，同父母形影不离、朝夕相处，同父母接触机会最多、相处时间最长，尤其学龄前儿童。因此，只有父母能够全面地、细致地了解自己的孩子。孩子所表现出的个性和言行都非常真实。这样就使个性化教育容易做到从实际出发，对症下药，有的放矢，因人施教。家庭教育个性化，问题会抓得比较准，抓得比较及时，教育方式方法会比较得当；教育内容也有针对性，体现出很大的灵活性，充满了家庭教育的个性化色彩……没有爱就没有教育，只有爱也没有教育。对孩子要在充满爱的基础上进行管理和教育，才有效果。任何一个孩子首先是家庭的产物，最了解孩子的是父母，只有父母能够做到"一把钥匙开一把锁"。

家庭教育的终生性

在人的一生中，要接受家庭教育、学校教育与社会教育，但是接受最长的教育就是家庭教育，家庭教育具有终生性。学校教育和社会教育是重要的，但都只是一种阶段性和间断性的教育。家庭教育则不然，它不仅使人在未成年时受教育，还在他（她）长大成人、成家立业以后，由于父母与子女之间所具有的血缘关系，来往和交流依然频繁，家庭教育和影响依然在发生作用。家庭教育终生性表现在，家庭这个"学校"永远存在，父母永远是孩子的"老师"。家庭教育的终生性还表现在，一个正常的家庭，只要父母还正常活着，他们的言行举止就一直对孩子进行着无声的教育和影响。

家庭教育的上述特点，使得它与其他形式的教育相比，具有很多优势和有利条件。不过还应该看到家庭教育也有其局限性。首先表现在家庭教育内容的零碎、不系统，任何家庭都不可能像学校那样有计划、系统地对受教育者施加影响；其次是家庭教育方式的随意性，因为家庭教育的主角——父母的素质参差不齐，较差的父母一是缺乏自觉教育子女的意识，二是讲不出让孩子感到有道理的、有益的东西，甚至要么随意打骂、要么娇宠无度或放任自流，特别是不注意提高自己素质的父母，会对孩子的健康成长产生种种不利影响。

第二章　家庭教育的重要性

如前所述，家庭是孩子的第一所学校，父母是孩子的第一任老师。家庭教育涉及很多方面，但最重要的是保证孩子的身体健康，以及品德和心理素质教育，即如何把孩子培养成正常人的教育。孩子在幼儿时比较容易生病，尤其爱发烧。麻痹症、脑瘫、痴呆等都是发高烧长期不退引起的；失聪、失明，又是孩子发高烧服药不当造成的。孩子在童年时要注意安全教育，使孩子知道保护自己，不要因玩耍使孩子造成残疾。孩子作为正常人的又一个重要指标是性格健康。父母千万要把最美好的道德观念、豁达开朗的人生态度传递给孩子，引导他们做人的气节和骨气，帮助他们形成美好心灵，促使他们健康成长，长大后成为对国家和人民有用的人。家庭教育主要是父母重言传、重身教；教知识、育品德。父母帮助孩子扣好人生的第一颗扣子，迈好人生的第一个台阶，家庭教育对孩子一生有重要和深远的影响。

首先把孩子视为家庭产物

既然家庭教育如此重要，父母就要把孩子的家庭教育提到重要日程上来。要重视家庭教育，首先要把孩子视为家庭产物。就是说孩子是自己生的，教育他们、关爱他们，使他们整体、全面地健康成长，是父母的天职、义务；同时对家庭教育要有全面的认识，家庭教育不仅仅是为了孩子，也是为了父母自己。

首先要把孩子视为家庭产物，因为一个孩子能否健康成长、能否成材，和其父母有直接的关联。最起码，孩子的身体状况、智力、性格等都与父母的遗传基因有关。我们不要总是认为"优生"，都是老师教育出来的。以品行而言，孩子做人的高下、举止文雅或粗俗、言行可信还是不可信、有礼貌还是粗鲁、积极勤快还是消极懒惰……在一定程度上取决于父母的素质的高低和父母的教育。俗话说，打铁还需身子硬，父母要承担起教育孩子的责任，自己也要学习，使自己有知识、博学多才、幽默、点子多、有感染力、会讲故事；对孩子有爱、平易近人、善于走进孩子的内心等，只有这样才能对孩子进行有效的家庭教育。

父母要认真担负起家庭教育的责任

孩子是自己生的，就不要把教育孩子的责任寄托到学校或推到别人的身上。如上所述，家庭教育受益者固然是孩子，父母同样也是受益者。有一些家长整天忙于工作，而疏于对孩子的管理与教育；有一些家长有时间管理与教育孩子，可是他们玩性比孩子还大，一有空就打牌、跳舞等，而没有把对孩子的管理与教育放在心上；有一些家长认为孩子好坏靠他自己、靠学校，而疏于对孩子的管理与教育；有一些富有的家长，只知道宠爱孩子，要啥买啥。甚至这些父母认为自己有的是钱，几辈子都花不完，就没有把孩子教育当回事。当孩子出事了，才后悔莫及，才知道"钱"害了孩子。不管由于什么原因而疏于对孩子的管理与教育，误了孩子的身心健康成长，误了孩子的前途，误了孩子的宝贵人生，是父母的失职，是父母一生最大的败笔，也是一种罪过。我们看到一些孩子身体好，也很聪明，最初本来学习很好，由于父母疏于管理与教育，孩子贪玩或痴迷于电子游戏，学习成绩一天天下降，最后什么学也考不上。当然孩子也有责任，但主要责任还在父母。孩子小的时候，贪玩是孩子的天性，父母的引导、管理、教育是必须的。《三字经》中有："养不教，父之过。教不严，师之惰。子不学，非所宜。幼不学，老何为。"这二十四个字，把父母、老师、受教育者（孩子）的责任、利害关系说得一清二楚。父母对孩子的责任就是"一要养，二要教"，两者不能偏废。只有父母把教育孩子视为自己应尽的神圣义务时，才不会因为这个或那个原因而疏于对孩子的教育；尤其看到孩子天天在长大、天天在进步时，会感到无限欣慰和有成就感，父母对孩子教育的责任感就会进一步加强，对孩子教育的责任意识就会提高到一个新高度。

在我国历史上有许多名人对其子女教育非常重视，而且其子女个个成材。例如，唐代穆宁，是唐代开元年间的著名人物。为了更好地教育儿子们，他曾经亲自撰写了一篇"家令"，将对儿子们的要求及注意事项等，都写进去，给每个儿子一份，让他们随时对照检查有没有做到。他又特意告诫儿子们道："君子侍奉父母长辈，以培养自己高尚的志趣为最重要。"穆宁的四个儿子都在朝里做官，而且都以正直守道、和睦友善而著称，当时的人及后人称他们为"四珍"，可见兄弟四人端正高洁的品格。还有南北朝时期的北齐黄门侍郎、享誉一时的最博学的学者颜之推，把对自己一生有关立身、处世、为学经验的总结，写成《颜氏家训》，以告诫自己的子孙和后人。颜真卿是唐代名臣，也是唐代著名的书法家。依颜氏家谱，颜真卿是颜回的第四十世孙。颜氏家族由于重视家庭教育，从颜回开始，直至颜真卿曾出现过多个著名人物。我们翻阅一下古今中外杰出的官员和有杰出贡献的人士，他们的成功无不与家庭教育有关……

第三章　家庭教育的内容

众所周知，人在幼儿时，除智商、性格有差别外，在人的本性方面都是好的，这就是所谓的"人之初，性本善"。但人在成长过程中由于受家庭、社会和环境的影响，拥有的知识等不同，人的本性也就发生了变化。所以古人告诫我们，孩子从小的时候就要抓紧进行教育。俗话说，玉不磨和雕琢，就不会成为精美的器物；人若不学习、不教育，就不会懂得做人的道理，就不会成为有用的人。

父母教孩子什么

家庭教育主要是父母对子女进行品德教育、勤劳与节俭教育，以及如何做人做事的教育，当然包括要求他们努力学习等。父母把自己的、别人的、典型人物的最美好的道德观念，随着孩子的成长，一点一点地传递给孩子，帮助孩子逐步形成最美好的心灵，让孩子懂得做人的道理和做人的重要性，在身体健康、思想、性格、行为和学习上，**都能成为一个正常的人。优秀人才只能出现在德智体健康的正常人当中。**

父母在进行家庭教育时，首先把自己的孩子视为"中庸"之人。因为99%的人都是中庸（"中庸"中还分高低）之人。中庸之人是必须进行教育的，受到教育才会获得知识、增长见识、明白道理，对社会的发展产生益处。在我国历史上和今天人才辈出的门第中，其家庭教育模式都遵循"子孙虽愚，诗书须读"。把孩子智商看得过高，"无师自通，不教自晓"，很可能对孩子的健康成长和前途造成遗祸。即使是智商较高的孩子，也必须加强其人品道德修养的教育，使他们有良好的行为，会正确对待自己和他人，会做人、明事理。唯我独尊的人，必贻害自己和他人。品格、人格和道德修养这一课，任何人都不能缺。21世纪初，北大学霸卢刚同学在世界著名学府美国加州理工学院留学，就因为教授赞扬了一块从北大来、一块在该校留学，又是同班的另一位同学，就认为老师不公贬低了他，一气之下就把老师和那位同学一起枪杀了，自己也饮弹自尽，该事件震惊了美国和北京大学。所有的父母，尤其认为自己孩子聪明绝顶的父母应该深思卢刚为什么会发展到这一步。历史上的状元和当代历届高考状元，真正成气候的、成就一番事业的并不多。

在家庭教育中，要使孩子明白为谁而学习，为什么必须有良好的道德修养、良好的性格。固然，有知识、有才华，甚至各方面都优秀的人，可能会对社会做出较大的贡献，但最受益的还是孩子自身。

环境决定意识、行为和习惯。经济上困难或不富裕的家庭，孩子从小就有节俭意识，相当长时间里过着节俭的生活，自然就养成节俭的习惯。节俭可以帮助磨炼人的品质，节俭的人最珍惜自己和别人的劳动果实，懂得惜福，自然就养成爱劳动的习惯；经济上很富和比较富的家庭，就不一样了，孩子要啥买啥，从未过过不满足的生活。如果父母又不给孩子教育创业的艰难，一丝一缕，物力维艰，就很难使孩子养成勤俭节约的意识和习惯，孩子很可能逐渐变成纨绔子弟。我认识一位王某某女士，她现在家庭收入在工薪族里算是很高的，我经常听她说："我小时候吃了不少苦（其实在我看来，她所说的她吃的苦不算苦。她生在'文革'期间，那时肉少油少，东西还是能吃饱的)，不能让我的孩子再吃苦，他们吃、穿、用、玩我尽量满足。"她在孩子面前也不忌讳她挣多少钱。她的女儿可能认为父母挣得不少，所以她花钱很狂，不知道啥叫节约。更有甚者，一些父母在别人面前和孩子面前炫富，说什么"我的钱几代人都用不完……"炫富的人，必殃及后代，"富不过三"就是遗祸的典型写照。不错，科学、经济发展了，人们收入增加了，我们不需要学苦行僧，应该是吃穿用不愁。但要对孩子进行"财富是亿万人民辛勤劳动创造的、家里的钱是父母早出晚归辛苦上班挣来的"的教育，财富是血汗钱，不能浪费。富人的家庭应该向大善人乔致庸学习，制定家训家规，悬于主厅，使孩子经常学习，严格遵守。所以乔家总是教育子弟，要以勤养德、以俭养廉，从小就要他们养成济贫、做善事的好意识，养成良好的品德和习惯，这样家业才能长兴不衰。股神巴菲特的女儿说："在我上高中时才知道我父亲有钱。"凡能体味"苦"的人，方懂得人生的价值。

《颜氏家训》云："人生小幼，精神专利。长成已后，思虑散逸，固须早教，勿失机也。"就是说，教育要趁早，因为人在小的时候，大脑受到外界的干扰比较少，精力更容易集中，而且记忆力强，学习的效果自然也就更好。正因如此，父母在家的表现，在孩子面前的言行举止和习惯极为重要。孩子从幼儿开始，每天无不在模仿和观察父母的言行、习惯，通过耳濡目染，父母的言行、习惯就变成日后孩子的言行、习惯。一些调查资料显示，爱读书和学习的父母，也感染孩子爱学习；爱跳舞、爱玩的父母，也感染孩子爱跳舞、爱玩。孩子一旦养成良好的言行举止和爱学习的习惯，将一辈子受益；反之，一旦养成游手好闲混日子的坏习惯，将贻害终身。

父母对孩子从小就要进行勤奋、爱劳动、谦逊、谨慎的教育。所谓"笨鸟先飞"和"乌龟和兔子赛跑，龟取胜"的谚语，告诉人们不要耍小聪明，要勤奋。爱因斯坦说："在天才和勤奋之间，我毫不迟疑地选择勤奋。"现在科技经济高度发达，孩子们想吃、想穿、想玩，都是举手之劳，他们容易好逸恶劳、不懂得谦逊和谨慎。父母务必在这方面加强教育，使孩子懂得"天下没有免费的午餐"。**这对孩子成人和长大后创业极为重要。**

《千字文》《三字经》是中国有名的对孩子进行早期教育的"启蒙学"课本，涵盖了天文、地理、自然、社会、历史等多方面的知识，父母应该把其中适用于孩子的部分，自己先读，然后讲给孩子听；我国历史上有许多著名的家训家书文化，例如《朱子格言》《乔致庸家规》等，内容浅显直观，一听就懂。**这对教育孩子成人很有针对性。**

对孩子进行家庭教育，一定要具体、动之以情晓之以理、持之以恒。我们来看一下钢琴家傅聪的父亲傅雷是怎样对他进行家教的，教育他什么。傅雷先生爱儿子，但绝不溺爱娇纵。他把对儿子傅聪做人的教育寓于立身行事、待人接物的家庭生活之中。诸如穿衣、吃饭、站立、行动、说话这样的生活小事，傅雷都提出了严格的要求。比如进餐，傅雷就注意儿子是否坐得端正，手肘靠在桌边的姿势是否正确，吃饭时是否发出失礼的咀嚼声。当他发现孩子吃青菜少时，就给孩子讲吃青菜的好处，或把肉和青菜混在一起，让孩子养成吃青菜的习惯……傅雷抓住孩子的思维、具体形象的特点，把做人的教育贯穿在孩子接触到的、易于理解的日常生活中去，来培养孩子良好的言行举止。正是这些做法，使傅聪从小就身心健康、举止端庄，为傅聪长大成人后适应复杂的社会生活奠定了基础。

实际上，家庭教育中最重要的是两个字：习惯。大教育家叶圣陶说："什么是教育，简单一句话，就是要养成良好的习惯。"他又说："儿时养成良好习惯对人一生具有决定性意义。"青少年研究专家孙云晓指出："习惯决定孩子的命运。"习惯的力量是强大的，人一旦养成一个习惯，就会不自觉地在这个轨道上运行。如果是好习惯，则会终生受益；反之，就会害你一辈子。父母的第一责任是教育孩子，而教育孩子的第一位就是培养孩子的好习惯。但是我们一些家长，还没有认识到一个人的行为习惯是其品德形成的基础，而养成习惯的敏感期甚至比智力发展的敏感期还要早些。要知道人的行为习惯的形成是从婴儿期开始的。可以说，孩子出生后就开始逐渐形成饮食起居的习惯，而这种习惯就包含着品德、行为的萌芽。有一些家长认为孩子的生活习惯是区区小事，无碍大局，忽视了对孩子良好行为习惯的培养，即使看到了也不去纠正，放任自流，当感到必须要纠正时为时已晚。通常我们说一个人素质不高，往往就是因为这个人在许多小事方面做得不好，有许多坏习惯。一个素质高、成熟的父母，善于与孩子沟通，知道孩子在想什么、在干什么，并善于指导和帮助孩子慢慢地养成良好的习惯。

怎样对孩子进行家庭教育

在第二章中，我们阐述了家庭教育的重要性，但怎样对儿童进行教育，把孩子培养成有用的人，是每一个家庭都在考虑和做的事情。2015 年，中国教育科学院公布了对北京、黑龙江、江西和山东四省市 2 万名家长和 2 万名小学生进行家庭调查的结果，报告颠覆了以往家长们非常坚信的一些观念，其中涉及 10 个我们不得不思考的问题。

问题一：家教的目标是什么？ 调查显示，家长优先关注的是现实性因素，对发展性因素的关注度较低。

家长最关心孩子的健康安全（66%），其次是习惯养成（56%）和日常学习（54%），而对子女的发展性因素，如人际交往（38%）、自理能力（34%）、性格养成（28%）、兴趣爱好（20%）、情绪情感

（12%）等，关注度相对较少。由此可见，家长更关心"成材"而忽视子女"成人"。在这样的价值取向下，孩子的学习成为大多数家庭的重点。超八成小学生放学后有额外作业，近五成家庭将学习作为亲子沟通的主要话题，四成学生回家后没有户外活动，近一半学生回家后主要的娱乐活动为"看电视、玩电脑或手机"。

问题二：学前班让孩子赢在起跑线上？　本次调查涉及的小学生80%上过学前班，但数据显示，这似乎并没有帮助他们赢得学习优势。成绩优秀的小学生中"没有上过学前班的"比"上过学前班的"多11%，而成绩较差的小学生中"上过学前班的"比"没上过学前班的"多10%。

以上情况值得家长思考：**起跑线是什么？是让孩子早点学知识，还是让孩子享受更多的生活快乐，快乐成长**？

上面情况告诉我们：**过早学习知识反而让孩子产生压力和负担，降低了孩子的自信心和兴趣。更重要的是，孩子需要和父母在一起，培养亲情，得到父母更多的关怀，增加相互认知，需要享受更多快乐的生活**。

问题三：课外班与课外作业能提升成绩吗？　调查中尽管部分家长认为课外班"应该有用"，但孩子们成绩的优劣变化不大。此次调查涉及的小学生中，近九成在上各种"班"，超八成每天有课外班的作业。但家庭投入的性价比（家庭投入的力量和收获相比）很低，不但没换来小学生的学习优势，反而可能让孩子身心疲惫，带来消极影响。孩子参加一些课外班不能说不对，而是在于家长的出发点。如果家长要求孩子每参加一个班就应该是优秀的，不然钱就白花了，孩子即输在起跑线等，这种观点就有点失之偏颇；如果家长抱着让孩子增长点知识，培养一下孩子的兴趣，丰富一下孩子的生活，使他们过得更充实和快乐等，这就对了。事实证明孩子的课外班以两门为宜。

问题四：择校并不能带给家长期待的效果 调查中显示，择校生和就近入学学生成绩优秀的比例相当，分别是 30% 和 28%。在这方面我有沉痛的教训：当我儿子 11 岁时，把他从职工子弟学校初中送县初中（别人告诉我说县中学好）。孩子去后，不认识老师同学，不适应吃住环境，听不懂老师讲课口音（他出生在沈阳，后来我调到三线湖北山区）；他还小，许多事不会干，睡上铺想解手下不了床，常尿裤子和床单，又不会洗……孩子痛苦极了，天天处于紧张恐惧之中，这样孩子能安心学习吗？他实在待不下去了，一次黑夜 11 点多，他摸黑一个人从县城回家，沿着五六里坑坑洼洼的山路往家走。当半夜看到孩子时，我们全家人抱在一起哭。几十年过去了我一想起这事，还哗哗落泪，太对不起孩子啦！我们做事太愚蠢啦！

问题五：考得好就奖励管用吗？ 调查显示，考得好就奖励，多数孩子并不认同。在问及"你从哪儿感受到父母对你的爱"时，成绩优秀的小学生更多地选择"给我鼓励和支持"。常以物质手段作为激励，容易使孩子将父母的关爱简单理解为物质的满足。"能感受到父母、家人关心"的家庭中，子女成绩优秀的比例为 74%，而疏离的家庭中，这一比例仅为 12%。**孩子能感受到父母关爱是多么重要**！

问题六：父母经常和孩子在一起能提高孩子的学习成绩吗？ 调查显示，闲暇时父母经常读书看报的家庭，子女成绩优秀的比例更高；爸爸经常和孩子相处，比如玩智力游戏、打闹、运动、聊天、尝试新事物、一起修理东西、共同保守一个秘密等，对孩子的学业提高影响明显；家庭娱乐活动多的，孩子的成绩就优秀。

问题七：做家务的孩子影响学习吗？ 调查数据显示，做家务活和自主管理能力高的小学生，学业水平高，比如自己选择兴趣班、管理零花钱、分内的事情自己做和帮助父母分担一点家务，如洗碗、倒垃圾等。在认为"只要学习好，做不做家务都行"的家庭中，子女成绩优秀的仅为3%，而认为孩子应该做些家务的家庭中，这一比例为87%，两者比例相差悬殊。几乎所有家长都知道习惯对孩子的重要性，但不少家长更关心与学习相关的习惯，而不知道良好的生活行为习惯才是促进小学生学业提高的基本点。

问题八："隐形爸爸"的问题有多严重？　调查显示，"近一成家庭是父亲承担主要教育职责"，这个现状让人吃惊。父亲在家庭教育中缺位不再新鲜。尤其对男孩，父教缺失容易使男孩的性别认同弱化，容易被母亲过分呵护、过分溺爱，缺乏独立锻炼和纪律教育，甚至导致各种暴力行为的产生。在生活中，如果男孩常和爸爸在一起，会变得比较勇敢、顽强、自信、独立和有阳刚之气。不管男孩女孩都需要有一个快乐的童年，往往爸爸能满足孩子"快乐"的要求。

问题九：男孩的父母更不了解孩子？　调查发现，很多男孩的父母认为"孩子不愿对我说心里话""找不到共同感兴趣的话题""找不到好的沟通方法"，或者说"没有时间沟通"和"有沟通困难"。其实这和男孩的身心特点有关，他们不善于向父母坦露心迹，较少主动跟父母沟通，面对要求或压力时，要么反抗，要么沉默忍耐，不太懂得如何更好地与父母交流。

遗憾的是，男孩的父母对孩子的了解多为学习、交往等外在情况，而对于男孩的愿望、心事等内心世界缺乏了解。比如他们比较了解的是"三个以上孩子的好朋友""孩子喜欢的老师""孩子最喜欢的课和最不喜欢的课"；而对"孩子近期最大的愿望""孩子不愿提及的缺点或糗事儿""孩子最崇拜的人"知之甚少，这说明父母没有深入考虑男孩的特点和要求，自然会影响到父母与孩子的沟通质量和教育方式的有效性。

问题十：男孩成绩不好和父母有一定关系　调查发现，在学习动机、课外阅读和学业成绩三个核心方面，男孩的情况比女孩差。

男孩的学业成绩受父母教育方式影响，例如，学业成绩好的男孩，父母常表现出较为积极的教养方式；相反，父母的消极教养方式使孩子的学业成绩变差。比如，当孩子发脾气时，积极的教养方式包括冷静处理、耐心询问、倾听孩子的不满或给予其独自平复情绪的空间；消极教养的方式则是训斥孩子，甚至忍不住动粗，不给孩子解释机会，使其感到心里委屈，让孩子充满失败感。(关于男孩教育问题在第七章里有专门讨论)

如今的父母越发意识到，需要培养的不仅仅是一个学习出色的孩子，更重要的是，关心他们的整体健康和个体倾向。在经济投入的同时，营造有爱的学习型的家庭氛围和民主的家庭关系，让孩子的成长之路更顺利，走上真正的使孩子先"成人"之路。

第四章　家庭教育的核心是什么

孩童时期的家庭教育，主要是孩子身体和心理的健康成长，养成一个良好的习惯和有一个快乐的童年。孩子长大以后，能给他（她）留下一个美好的回忆。

健康的人格、开朗的性格

家庭被称为"创造人类健康人格的工厂"。孩子的人格健康不仅关系到儿童身体的正常发育，而且决定着儿童今后的人生走向。家庭怎样做才能保证孩子人格健康发育呢？作为父母应该做到以下几方面。

重视营造民主、和谐的家庭环境

家庭环境包括父母自身的教养、态度和处理家庭事务的方式方法，尤其处理家庭矛盾的方式，对孩子健康人格发育的作用、影响是巨大的。民主、和谐的家庭氛围有助于儿童生活态度积极、主动，他们能自觉地参与到家庭活动中。父母之间互相爱护、关心、体谅；父母对长辈的体贴、尊重、照顾；父母对孩子严爱适度，有要求、有疼爱，能够使孩子正确认识自己和评价自己，形成自尊、自信、自主、自控、亲切、责任感等积极情感。但是，如果孩子生活在不和睦、不健康的家庭环境中，如经常吵架，经常为钱争论不休，母亲沉溺于化妆打扮和挑选服装，父亲抽烟酗酒或者父母只顾自己打牌、跳舞，不关心孩子的生活和学习……在这种环境下生活的孩子，认为谁都不关心自己，没人保护自己，缺乏安全感，因而对谁都不信任，有时甚至会有攻击性行为或暴力倾向。

研究儿童家庭教育的专家苏霍姆林斯基说过：**"每瞬间，你看到孩子，也就看到了自己教育的孩子，也就教育自己，并检验自己的人格。"**父母首先要有健康的人格，才能去影响孩子。在生活节奏日益加快的现代社会中，家长不仅要努力地为生活而忙碌工作，回家之后还要面对活泼、好问、好动的孩子。作为父母，尽管你可能很累，但也要打起精神来，给孩子做个好表率，以耐心的态度引导他们，不要以粗暴、疾言厉色、呵斥的态度对待孩子，让他们在自由、宽松、平等的家庭氛围中，尽情表现自己，使他们的天真、烂漫、活泼获得充分的展示。

要尊重孩子，保护孩子的自尊心，增强孩子的自信心

很多家长认为孩子小，不知道什么，不把孩子视为一个独立的个体，对他们的愿望、要求、兴趣爱好，缺乏了解和尊重，没有积极地去满足他们。家长要学会洞察孩子的内心世界，要用商量、引导、激励的语气和孩子交流，要多站在孩子的角度去考虑，而不是将自己的意志强加给孩子。不能因为孩子小而随意斥责或辱骂，特别是不要去嘲弄、讽刺孩子。当今，不少家庭生活条件好了，经济条件好了，于是有不少家庭和学校强制孩子上各种班、补各种课，造成孩子压力太大，扼杀了孩子爱玩的天性。家长不应该把自己的意志强加给孩子，

要求孩子要达到自己设定的目标，而且常用命令指责的语气、过于严厉的态度对待孩子，等等。这些都不利于孩子个性的健康成长，都不利于培养孩子健康的人格。正如前面所指出的，参加补习班多的孩子学习成绩并不比不参加的好多少；孩子参加各种课外班主要是培养孩子的一些兴趣和丰富他们的业余生活，开发一下大脑，不要要求这也优秀，那也优秀，不要定什么标准。父母要细微观察，对孩子的一点一滴的进步，都应及时给予肯定和鼓励，要保护孩子的自尊心和增加其自信心，也要让孩子有成就感。

要重视和培养孩子生活的独立性

目前我国大部分家庭都有一个孩子，两个孩子的家庭很少——从2015年开始允许生两个孩子，两个孩子的家庭便多起来。在独生子女的家庭中，每个孩子都是家中的"小太阳"，吃、喝、穿、玩的条件都是最好的。确切地说，城市的独生子女，在上述方面父母都超前替孩子想到和安排好了，但不一定是孩子需要的。由于父母过度保护、过度溺爱，认为孩子只要专心学习就行了，其他事情全由父母包办，导致孩子"饭来张口，衣来伸手"，娇生惯养，根本没有最起码的生活能力。如果让孩子失去基本的生活能力，一切都依赖父母或其他人，这不仅直接影响孩子的健康，也极不利于孩子劳动习惯和文明行为的形成。例如，有一些孩子都已经上大学了，宿舍里衣服、鞋袜、被褥扔得到处都是，可以说不堪入目。这就是没有生活能力的具体表现。

注意培养孩子的交往能力、活泼和爱心

不论在什么时代，不论做什么工作，一个人的交往或交际能力，

对人的一生、对事业，都是极其重要的。现在的孩子很少有兄弟姐妹，孩子往往就成为家庭的中心。因此，最易养成"以自我为中心"，也不擅长与同伴交往，作为父母要有意识地多带孩子和其他小朋友接触。此时，父母多观察，少干涉，让他们在逐渐交往中学会适应、积累经验、学会交流。

大家众口一词，一致认为活泼开朗的性格对孩子的一生都是有益的。孩子在学习、生活中遇到一些挫折，是必然的。此时，父母不应用指责批评的语言，而应该多用鼓励的口吻引导他们，让他们始终保持活泼、开朗、没有压力。特别是对于孩子爱玩、好动的天性，不要一味地去压制，要让孩子保持天真、活泼，营造一个快乐、无忧的童年生活。我们可以用一二十年的时间教孩子学习知识技能，而要教孩子做一个品德优良、人格健康的人，却不是一二十年可以做到的。一个人只有拥有健康的身体和健康的人格，才是其一生最大的幸福，而我们作为父母或幼教、中小学教师，或许是**"这个幸福"**的给予者。父母、幼教、中小学教师等，只有通过长期不懈的努力，才能使孩子拥有**"这个幸福"**。

培养孩子的爱心，就是教孩子与人为善，多做善事——在托儿所和学校多帮助小朋友，心里多想着小朋友。例如，小朋友跌倒了，要主动去扶起来，自己有好玩的玩具与小朋友一起分享，如果别的孩子衣服穿少了感到冷时，自己有多余的衣服要主动拿出来让他（她）穿；家里如有老人住医院或班里如有小朋友病了，妈妈要领自己孩子多去看望；要教育孩子不要歧视身体有残疾、行动不太方便的小朋友，并要主动给予力所能及的帮助；在学习上要热情帮助学习稍差的同学……通过这些活动，来一点一点培养孩子的爱心，增加对别人愈来愈多的爱。

儿童的学习成绩与其快乐成长哪个优先

孩子的学习成绩和孩子的快乐成长哪个优先、谁更重要？长期以来一直困惑着每一个家庭和父母。孩子快乐成长排在优先位置是毋庸置疑的，因为孩子有快乐的心情而没有精神负担时，才会培养出好的性格，学习才会有好成绩。孩子的成长不能仅仅是分数，孩子的生活应该丰富多彩。家庭教育也好，中小学教育也好，都应该使他们浪漫、情趣、感动、开心，让孩子在开心中受到教育。家长和老师要想办法把孩子的游戏快乐嫁接到学习上。父母可以通过讲故事的方式，一步一步培养孩子，把在父母约束下的生活、学习，变成孩子自我约束下的生活、学习。也就是说，要孩子从小学会延迟满足的能力：把一些孩子想得到的项目，如买玩具、游戏、看电视等，都变成孩子做家务、完成学习之后的奖赏，并且把这种奖赏的道理给孩子讲清楚，让他愉快地接受，让他自己也能这样处理自己的生活和学习。从而逐步使孩子懂得"天下没有免费的午餐"的道理。一旦孩子懂得这个道理，把别人约束变成自己约束，孩子不但生活很愉快，学习也会更加自觉和更加有效率，就会自然地进入良性循环。所谓让孩子德智体全面健康成长，就是使孩子在这方面建立起一个良好的习惯。它是一个人未来事业成功的基础。

现在的孩子大都缺乏自制力，原因是多方面的，普遍认为家长和老师都没有重视这方面的教育，而着重去抓他们的学习成绩。孩子从小没有建立这种自我控制能力，孩子大了，比如到了高中再去操这方面的心已经晚了。我们看到一些家长很苦恼，孩子逃学不好好学习，在家或在社会上电脑室玩电子游戏，家长劝说无效，吵他甚至动粗也无效。前面我们讲到了，要从孩子小的时候就培养其学习和自我约束的习惯，孩子好的习惯一旦养成了，不但孩子一辈子受益，父母精神压力也没了；坏的习惯一旦形成，要改是十分困难的。例如，有一个孩子王某某，在小学时学习和其他表现都很好，父母认为孩子不错就放松管理，在别的孩子引诱下去玩电子游戏，一直发展到三天两头旷课，父母老是忙于自己的事情，都不知道孩子发生了什么。当老师问父母孩子为什么没去上课时，父母才知道孩子没去上课。一切都晚了，孩子高中也没考上。父母花了不少钱，今天去这个学校、明天去那个学校，始终没有拿到高中毕业证，已经22岁了还在家游荡……这位家长或类似情况的家长，应该从中吸取教训，好好回忆一下孩子在上学的时候，你是否天天关心他的学习与检查他的家庭作业，天天关心他的行为表现与情绪变化；你在培养孩子的好的习惯方面下功夫没有，下过多大功夫？一谈到孩子好的习惯，父母总是认为就是好好学习，这是不全面的。培养孩子好的习惯，是指孩子的各项活动都遵守事先拟订的计划，即什么时间起床、刷牙、吃饭、上学；什么时候做作业、弹钢琴、做游戏；什么时间把作业送给父母检查、刷牙、上床睡觉等。在父母长期指导监督下孩子能坚持去做，继而养成一种习惯。

国内外许多教育专家都强调，对孩子在快乐游戏和学习方面要掌握平衡点，要正面引导、用鼓励的方法去引导，比如孩子在玩游戏时，如果父母有可能的话，尽可能在旁边看，当孩子玩得很棒时或告一段落时，父母趁机就给孩子说，你玩得很棒、很认真，我相信你学习也一定很棒，一定没问题。此时你问孩子有信心吗？他（她）一定回答"有信心"！就这样经常看孩子玩，经常这样问他，孩子就会用快乐的心情去认真学习。在孩子上小学四五年级的时候，他（她）已经懂事了，父母有什么想法甚至有什么困惑，都可以和孩子讲，征求他（她）的意见。只要对孩子有"爱、亲情、关系融洽"，父母不仅仅是孩子的父母，还是孩子的好朋友，这时候孩子是很听父母的话的，很愿意和父母在一起。

孩子一定要在非常宽松的环境中成长。要培养孩子的学习的自信心，父母可以引导和指导，但学习的压力或自觉性一定来源于孩子自己。父母要尊重孩子，尤其要遵从他们的意愿，鼓励他（她）克服困难；对孩子每天一点点进步要看到、要及时鼓励，这一点很重要。过于疼爱孩子，对孩子没有好处；对孩子疏于管理或漠不关心，对孩子更是百害无益。

其实孩子的成长能力要比大人想象的还要强，而且他们希望自己有本事、很强大，所以千万不要把父母的软弱传染给孩子。有的时候是家长自己过得不好，然后投射到孩子身上，就觉得孩子这不如意那不如意，等等。

一个真正在快乐中成长的孩子，学习成绩不应该是问题。

第五章　父母必须学习，提高自己的素质

林则徐具有一身正气，一生严格要求自己，处处为人表率。他说："己正才可以正人。"

父母必须提高自己的素质

当老师者必须先当学生，育人者必须先育自己，这是常识也是真理。家庭教育中父母是主角，是孩子的第一任老师。你要胜任这个角色，交出一份满意的答卷——培养出高素质的孩子，你就得认真学习，提高自己。因为你要教育孩子，总要有内容、有目标。这些内容、目标是什么，你具备不具备？俗话说："**打铁还需自身硬**。"

当孩子还小的时候，虽然他们思考能力、辨别事物的能力还很低，但知道父母是最亲的。在他们幼小的心灵里，父母什么都是对的，是最好的。他们天天看着父母，处处模仿父母，父母的言行不管是好的还是低级庸俗的，他们都跟着学。"**父母是孩子的影子，孩子是父母的样子**"就是这个道理。父母要做孩子的老师，在孩子小的时候，主要是用甜蜜、微笑的语言和温馨的行为去感染孩子、去抚爱孩子；当孩子大一些，能辨别好的或坏的事物时，父母主要是用善言美语、良好的行为和良好的习惯，去启发引导和感染孩子。父母每天的一言一语、

一举一动一直在孩子的脑海里——"**随风潜入夜，润物细无声**"。

我工作以来，经常观察父母的言行对孩子们的影响。我在东北哈尔滨、沈阳学习工作时，发现抽烟的人很多，不管是男的还是女的。因为我老家抽烟的人很少，我知道我祖上几代人没有一个抽烟的。我对东北抽烟的人这么多感到奇怪，就问同事，他们告诉我："这是祖上传下来的。孩子很小就给爷爷奶奶点烟，点烟时你要先吸一两口，保证烟点着了才能递给老人。就这样一来二去上了瘾；我有一个邻居李某，几乎天天吵骂打她的三个男孩子，她的三个孩子一见到她就跑，常常吓得不敢回家，就像老鼠见了猫、小鬼见了阎王爷一样……但是这三个孩子和别的孩子在一起时，也像他们的妈妈一样，可能吵吵，他们三个都是男孩，见到比他们小的孩子就想欺负人家，家属院里不少孩子都怕他们。这三个孩子在外面的表现，是为释放内心的压力，还是找平衡，还是他们的妈妈吵骂之恶习，已经传染给了他们？我想三者都有，但后者可能性大些；家属院里也有许多有教养的家长和孩子们。例如，有一家先生余某，太太张某，在家里将他们的两个男孩教育得活泼可爱，见长辈落落大方、彬彬有礼，见幼小的孩子总是爱护和帮助，在学校里，尊敬老师，爱护同学，学习成绩优秀，经常被评为"三好学生"。我和余某在一起工作，我们经常带着孩子相互串门。他家的环境气氛，给人一种祥和温馨的感觉。他太太和孩子见家里来客，热情礼貌，倒茶问好……

在我 70 多年的生活中，碰到过各种各样表现的人，除上面提到的几种人外，还有的人非常勤快，有的人非常懒；有的人工作认真负责，敢于担当，有的人工作马马虎虎得过且过，把错误失误推得一干二净；有的人大公无私乐于奉献，有的人斤斤计较恐怕吃亏；有的人以团结为重不计较一些闲言碎语，有的人善于拨弄是非唯恐天下不乱……我想人的言行和思想境界如此不同，尽管原因复杂，但是人在成长过程中，与受到不同的家教有密切的关系。为了下一代身心健康成长，我们做父母的一定要不辱使命，努力提高自己的素质。

要教育好自己的孩子，自己必须先受教育

每位老师上课前都要备课，每个战士上战场前都要练兵，我们家长想教育好自己的孩子，你要备课练兵，使自己有点真本事。育人是诸多事情中最难的，父母真要下点功夫。父母会说，我想把孩子教育好，不知道学什么。事实上，教育孩子包括所有孩子应该具有共性的东西和自己的孩子所特有的东西。但要有效地教育好自己的孩子，还是要把自己的孩子看成个案，为此父母要从以上两方面去学习，特别要好好观察分析孩子缺什么，带着这些问题去学习，提高自己。

教育孩子是父母责无旁贷的责任和义务。教育孩子共性的东西是，首先要热爱孩子、对孩子充满亲情和热情；在思想和行动上，把关心孩子身心健康成长放在重要位置，不能因为疏忽使孩子出现本不应出现的问题；孩子不是父母的私有财产，是祖国的花朵，是未来事业的继承人，培养孩子也是国家交给你的任务；要创造条件和环境，使孩子尽可能多地享受快乐的时光；要尊重孩子的尊严和权利，像对待朋友那样对待孩子……以上你没有做到的就是你要学习的，就是你先受教育的内容。

每一个孩子的教育除共性外还有其特殊性。作为父母要分析自己的孩子，他（她）的主要优点和主要不足是什么？孩子的优点是宝贵的，要鼓励他（她）把优点发挥到极致。孩子的不足即缺点是属于什么性质的要弄清楚，如爱玩、学习下功夫不够，争强好胜，文明礼貌不够等，一般引导教育就行。如果孩子自私、太爱计较，

懒惰没有上进心，性格不开朗，自卑孤僻或抑郁，骄傲自大，盛气凌人，性格野蛮爱打架、辱骂同学，破坏公物，有暴力倾向，等等，父母必须高度重视。这些问题不是很容易就能解决的，父母要分析原因和通过什么途径、什么方式去解决。父母必须学习些东西，拿到解决问题的钥匙，然后动之以情晓之以理，慢慢打开孩子的心扉，一个一个去解决。教育孩子绝非一日之功，教育孩子的过程就是父母学习的过程，也是父母受教育的过程。所有书本上教育孩子的内容、方法、技巧，都是教育家、心理学家通过大量实践总结出来的，是比较行之有效的。

为有效教育孩子，父母必须具备的基本素质

育人不易，要育出高质量的孩子更不易。孩子在成长过程中，他（她）对事物的认识有一个朦胧的过程，对孩子教育既不能不重视又不能操之过急，光知道孩子这不对那不对不行，还必须有能使孩子接受的教育方法和技巧。为此，父母要具有相关的知识。

如前所述，父母的素质与孩子的素质有密切关系，素质差的父母是不可能教育出高质量孩子的。在这里我想讲讲巴菲特的故事。大家都说巴菲特是股神，他是怎样学到了高超的投资技巧呢？巴菲特费尽心思到处寻找投资名师，最后终于找到了著名证券师本杰明·格雷厄姆。巴菲特在他手下精心地学习，经过几年在本杰明门下做义工，观察学习、一点一点地积累经验，功夫不负有心人，他终于把本杰明的投资技巧学到了手，从此一步一步地成了投资高手，一直到成为今天的股神。这故事告诉我们，想教育出高质量的孩子，父母不要着急，对孩子存在的问题，父母要研究切磋，把问题找准，方法适当，内容对号。只有下大功夫，才能掌握一把钥匙开一把锁的技巧。在这里我

不得不补充一句，个别悟性高、自控能力很强的孩子，父母只要一般管理，他们就会很优秀。

俗话说：打铁还要身子硬，有了金刚钻才能揽瓷器活。父母要教育好孩子需要具备如下基本素质：父母必须对孩子充满亲情、充满爱和热情——不管你对孩子多么不满意；孩子身上的缺点与错误，父母首先要检查自己是否有这些毛病，还是对孩子关心不够、教育没跟上所致。只有有这样的负罪感和责任感，才会积极认真地去教育孩子。在教育孩子时，他可能会哭、会强词夺理、会发火、会跳起来、会甩袖而去、不吱声等，不管出现什么情况，你都不能急，要有足够的耐心和信心。耐心和信心是教育好孩子的基石。父母与孩子是平等的，视孩子为朋友的心情、心态出现在孩子面前，这样父子或母子感情才能拉近，才能心心相印。父母要学会讲故事。单刀直入地教育孩子效果不会很好。用讲故事的方式，让孩子在没有压力的情况下受到启发。父母胸怀要开阔，在和孩子谈心交心时，容许他（她）争论、提出不同的意见，而且父母要表现出真诚的高兴和欢迎。孩子的争论和提出不同意见是他（她）的真实想法，父母要仔细琢磨其中的道理。父母和孩子"在一条战壕里"，成"战友"了，教育孩子就会有效。父母要学会"打太极"。打太极是行云流水，充满柔性和沉稳，教育孩子也要这样，要"温火炖青蛙"，循序渐进。在教育孩子方面，父母要有坚强的韧性和忍性，切忌急躁。我们要学会"时间是解决问题的最好方法"。父母要有优良的品质，如不自私、不计较、尊老爱幼、想好事做善事、对孩子真诚……父母在孩子心目中是好人，值得信赖，孩子才尊敬父母，才听父母的话……

父母要用无声的语言去教育、感染孩子

"话说一千不如行动兑现。"意思是行动最说明问题，艺术体育等演练时老师常做示范动作就是这个意思。孩子一直观察模仿父母的言行，学习父母做人处世风格。父母之间的恩爱，互相尊重、体贴关心，孩子看在眼里、记在心里。家里整齐清洁，家庭成员之间礼貌有加，欢声笑语此起彼伏，父母孩子之间无拘无束、和蔼可亲等家庭氛围，对孩子身心健康成长极为重要。

在家教中最有效的是无声语言，无声语言比最好的说教要有效，是示范动作的高度表达。一个模范家庭、一个温馨家庭、一个有教养的家庭，并没有很多的说教，都是用行动说话，用行动来传递信息。例如父母勤快，勤俭节约，文明礼貌；对朋友客人和气热情，说话细声文雅；定时起居，不抽烟酗酒，经常锻炼身体；按时检查孩子学习和作业，孩子做得好就拍拍孩子肩膀，向孩子竖一下大拇指；孩子的玩具坏了能修的及时给修好，不能修的及时给买个新的；孩子参加学校的一些活动和同学聚会，父母要给孩子收拾得干净整齐，父母能参加的绝不缺席……这些都是无声语言，对培养孩子品质、良好习惯很有意义。

我在工厂做领导时，经常给厂子弟学校老师讲，要他们用无声语言去教育学生和感染学生：老师备课讲课、改判学生作业、批阅考试卷子以及辅导学生自习等要认真；老师衣着要整齐，行为要文明，老师之间要相互尊重，要有老师风范；对学生要关心、爱护，不对学生尤其小学生疾言厉色和体罚；山区多是弯曲小路，下雨路滑，水塘多，学校要确保孩子安全……中小学老师要像父母那样去关心学生，用无声语言去引导教育学生。

榜样的力量是巨大的，它比最美丽、最动人的语言更有说服力和感染力。父母、长辈一定要为孩子做出榜样。榜样是孩子学习和前进的标杆，在孩子灵魂深处天天潜移默化，天天在扎根。（在第六章里我们有一节将专门讨论"'有问题的孩子'来自'有问题的家庭'"，来说明父母没有做出榜样的后果。）有些家长只顾上班工作而疏于对孩子的管理，有些家长玩性很大，跳舞打牌甚至赌博上了瘾，对孩子的学习教育管理等抛之脑后，忘记自己是有孩子的父母。不管是哪种情况，孩子处于失控状态，必然出问题。这些问题看似来自孩子，实际是来自父母。

榜样——无声的语言。想使自己孩子身心健康成长、想使自己孩子很优秀，我们做父母的要认真学习，从各方面严格要求自己，为孩子树立榜样，用榜样的力量去教育和感染孩子！

第六章 家庭教育要善用方法

如前所述，家庭教育在教育层面上占很重要的地位，如果家庭教育出现了问题，即基础没打好，再好的学校教育也无法弥补其所造成的缺陷，这是有目共睹的事实。教育就像盖高楼，家庭教育就是打地基，基础牢固高楼就能一层一层往上建。一些高层建筑为什么会塌、为什么会变形？就是基础没有打好、不牢固所致。教育也是如此。

"有问题的孩子" 来自 "有问题的家庭"

为什么说"有问题的孩子"来自"有问题的家庭"呢？因为《三字经》的第一句就是"人之初，性本善。性相近，习相远。苟不教，性乃迁。教之道，贵以专"。它告诉世人，人刚出生时本性都是好的，只是由于成长过程中后天的因素，即家庭、学校、社会等环境不一样，性情也就有了好与坏的差别。如果从小不好好教育，善良的本性就会变坏。为使孩子的本性不变坏，最重要的方法就是父母要专心致志去教育孩子。孩子从生下那一天起，父母对孩子"一是养，二是教"，二者都很重要，不能偏废，要及早抓。在家庭中担任教育角色的父母，肩负着重大责任，若只养不教、教育不严、疏于管理或教育方法有偏差，对孩子的人格发展将造成很大的伤害。孩子成长过程中的大量事实证明："有问题的孩子"来自"有问题的家庭"，家庭对孩子人格的形成，品德的高下，具有左右的力量。身为孩子教育第一任老师的父母，必须担负起教子之责，必须谨慎认真使用教育内容和方法，不要随意地想当然，任何失误都会造成严重后果。前面我们曾指出，父母是孩子的"榜样和偶像"，他们在幼年认为父母"一切都是对的"。因此，父母必须注意自己的言行举止，必须注意家庭的和谐氛围，使家庭真正成为孩子的第一所学校，使自己真正成为孩子的第一任老师。

大家都会记得，2015 年，北京市中级人民法院宣判了以×某某为首的青少年强奸犯罪集团。这些"有问题的孩子"完全由"有问题的家庭"造成的。大家不妨回忆一下事情发生前后×某某父母的表现。×某某在宣判前，没有听到×某某的父母向受害的女孩与其家长道歉，没有向在社会上造成的恶劣影响道歉，更没有公开承认自己没有教育好孩子的责任；在法院宣判后，而我们又没有听到×某某父母的道歉声，他的母亲则更是与大家的愿望背道而驰，到处呼喊她儿子如何冤屈……我们可以想象，孩子的行为已经引起公愤、已被判刑，还为孩子喊冤的父母，平时他们会教育孩子吗？孩子生活在这样的家庭环境中不出问题才怪呢！通过×某某这个案子，再一次说明对孩子进行道德品行教育是多么重要！我们听一下全国"五好家庭"代表刘英怎么说的："我们家之所以有好的家风，得益于母亲的言传身教。母亲常说，**家长是孩子的样子，孩子是家长的影子，家长以身作则是孩子最好的榜样**，我们一定要当好孩子的第一任老师。"

孩子人格的成长期是比较长的，幼年是最重要的时期。在入学以前，这段时期孩子大多是生活在父母身边，由父母来照顾教育，这对孩子的人格成长是很重要的。由于孩子的生理正脆弱地成长，心理也由幼稚而趋向萌芽阶段，人格、品德正在缓缓形成之中，这正是孩子人格、品德形成最重要的阶段，是家庭教育对孩子最具影响力的时期，此时父母必须付出爱心、耐心和花时间引导孩子、教育孩子，使孩子能健全苗壮地成长。

作为父母，在孩子上学之后，还有很长时间过着家庭生活，一定还要和孩子及时沟通。家庭氛围及生活起居方式，尤其父母之间的关系和表现，都常常会影响到子女的心理情绪，对孩子的健康成长具有重要或决定性的作用。如果家庭气氛很好，父母又经常与孩子一起互动、听取孩子的想法意见、询问他们的生活、关心他们的学习、尊重孩子的自尊心，通过讲故事、聊天鼓励他们，这样的家庭就不会出现"有问题的孩子"，即使孩子有什么问题也能及时发现。

孩子大了怎么进行教育

孩子逐渐长大了，他们的生活圈逐渐扩大了，所交往的朋友多了，生活经验及见识也逐渐丰富起来，他们独立性强了，父母的教育方式方法也要跟上。此时，父母要如何引导教育？这是我们做父母的要思考的课题。如果父母遵循下述方法去教育孩子，可能会取得较好的效果。

尊重孩子的人格和自尊心

父母要尊重孩子的人格和自尊心。从人类心理学角度来说，不管谁，人格上的尊严，都希望受到别人的尊重，对孩子也是如此。所以父母对子女说话、讨论问题或对其进行批评教育，注意用语、态度要温和客气，处处顾及孩子的颜面，切记不能有侮辱之语言和不尊重的口气。即使孩子做错了，也要心平气和地告诉他（她），错在什么地方，宜多指导，而不宜轻易训斥，更不能侮辱其人格。

对待孩子像对待朋友

对待孩子，要像亲密朋友一样亲近而无所不谈，彼此互相尊重，保持和谐的气氛。即使孩子说出了所犯的错误，父母首先应当为孩子敢于承认错误而高兴，对其错误要加以原谅，并作适当的教育，使其成为孩子以后做人做事的依据。父母千万不要因孩子犯错误而对其大加责备、说粗话或用肢体语言，这样容易导致子女隐瞒或说谎，如此就阻隔了亲子的沟通渠道。在我们身边有时看到一些父母很苦恼，孩子要么远离父母、要么说谎话，甚至有个别子女离家出走；还有个别子女上大学或工作以后就不再和父母来往等。我认识一个黄某，她有一个女孩在家里或上初高中期间，和妈妈交流很少，孩子上大学以后几乎与妈妈断绝了关系。黄某苦恼而不得其解。她问我应该怎么办？我叫她好好想想孩子在成长过程中，她对孩子都做了些什么，说了些什么，不管过去怎样，现在你要坦诚地和孩子交心，既要说自己过去的不足，甚至错误，又要向孩子诉说自己的苦恼所在。如果你是真诚的，孩子也会向你吐露真实的心声。母（父）子之间关系紧张，原因是多方面的，但是作为父母要认真思考，你在教育孩子方面失败在哪里？一般来说，孩子不轻易走向极端，尽管对父母有这样或那样的意见。

对孩子充满爱和真诚

父母要充满爱、用真诚去对待孩子。父母要让孩子知道父母是他们最亲近的人，没有必要向父母隐瞒自己做错的事或自己的想法，让孩子懂得父母经历多，会告诉他们怎样做是对的，怎样做是不对的。父母要用热诚与热情的行动，来表达对孩子的爱心与关怀。所以，用鼓励的口气、拥抱的行动，让孩子感觉到有家的温暖和家人亲情的可贵。当孩子有任何挫折或病痛时，要适时安慰、鼓励其勇敢战胜困难和疾病；当孩子做善事、孩子受老师表扬而喜悦时，要同孩子一起分享欢乐，及时给予鼓励，让快乐的气氛弥漫在家的四周……可是我们有些家长认为这些小事有什么值得高兴的，说明这些家长不懂孩子的心理。当父母为孩子的行为、成绩高兴时，这种气氛会长期留在孩子的脑海里，会激励他（她）在学习或在其他方面进一步提高和发展。

家庭教育要善用技巧

父母要善于用教育技巧来引导教育孩子。孩子在幼年时，最需要父母的指导和爱心，为此父母应该多看些关于幼教方面的书刊，学到一些技巧，巧妙运用在自己孩子的身上。在孩子教育方面有耐心、爱心是最为重要的，因为孩子是通过时间，在慢慢成长、改变，父母要耐心等待，不要操之过急。例如，孩子不小心把自己心爱的玩具弄坏了，会把它藏起来；孩子想洗碗，可是不小心把餐具打碎了等。如果父母看见了，不要责备或训斥孩子："你为什么弄坏！弄坏了还藏起来！你知不知道这是什么行为?!"相反，父母应该温和地说："我看见你喜欢的玩具坏了，你不能玩了，我也很想再给你买一个，可是这个月买玩具的钱用完了，家里也没有多余的钱，下个月一定买。以后玩玩具一定要小心，不要弄坏啰!"尤其孩子做家务中弄坏东西，他幼小的心灵一定很难受，所以父母一定要安慰，要保护孩子的积极性。这样做，不但不伤孩子的心，而且以后孩子会更加小心。

父母在教育孩子时，要多用"我"开头的句子，例如看到孩子的玩具很乱，满地都是时，告诉孩子："我不喜欢看到玩具弄得哪儿都是，我需要你帮我一起收拾好。"然后拉起孩子的手，带着他一起收拾。尽量不用"你"开头的句子，通常带有攻击性，使听者马上进入防御状态。例如，父母说："你这个邋遢鬼，你把屋子弄得这么乱，快点收拾！否则……"这种态度通常换不来孩子的合作。如果言辞激烈，还会让孩子大哭一场。这种"你式"开头句可谓是成事不足，败事有余。

拥抱和耳语，是父母对孩子亲情、温柔的具体体现，一定要多用。这种方式可以近距离接触孩子，父母与孩子的感情最容易交融在一起。拥抱和耳语是家庭教育的重要技巧之一。

要给孩子解决问题的机会

当问题发生时，由于孩子的知识经验不足，常常不知所措，甚至会做错上加错的决定！父母都是过来人，应该清楚所有的知识和经验，是从生活中、实践中不断累积下来的，父母要给孩子多提供接触事物的机会，孩子才会积累经验，知道问题的症结，这是孩子最直接、最有效的学习。

有一些父母爱子心切，有一些父母性情急躁，当孩子做事遇到困难或缓慢时，就立即伸手接过来做，代孩子解决问题，这种做法实际上是剥夺了孩子学习解决问题的机会，这不是爱孩子而是害孩子。孩子有太多的问题需要学习、需要体验，父母不能代劳，一定要由孩子亲自去接触才行。孩子只有亲自动手、亲自动脑去想、去做、去摸索，在遇到困难、问题时，才会拿出解决的办法。

要了解孩子的需求

父母要真正了解孩子的需求。孩子的内心需求，父母只有通过亲子沟通，在日常生活中跟孩子在一起生活、一起玩、一起读写，通过聊天、细心观察等，才能了解到孩子内心想什么、需要什么，这是父母教育孩子的重要依据，也是父母与孩子彼此心连心、心心相印的重要步骤。

家庭教育要语气温和、态度坚定

父母和孩子沟通，语气要亲切温和，但态度要坚定，不要含糊其词，模棱两可。父母对孩子说话要像和朋友说话那样，平等相待、客气而柔和，不要使用命令的语言和歧视的心态，这样说出的话自然心平气和，孩子也自然能听进去并欣然接受。

有时候孩子为了逃避负担，会向父母讨价还价，减少某些工作量，此时父母要衡量工作性质，孩子所承受的可能程度，不能遇到问题就退让。合理的诉求可以接受、可以改变，不合理的要求，一定要坚持，不可以有求必应、随意让步，否则会给孩子养成讨价还价、得寸进尺的恶习。当孩子遇到困难就退缩时，父母这时要多加鼓励，增加孩子的信心，并暗示孩子有信心就会成功。当孩子勇敢地克服困难时，父母应立即鼓掌喝彩。

遵守社会道德规范

父母要及时纠正孩子违背社会规范的行为。在生活中，孩子常常会表现出一些社会所不允许的行为，不符合社会的规范和道德，父母一定要及时进行纠正，使孩子的那些不良行为不继续发展，并告诉孩子优良行为和道德是什么，让他（她）在思想和行动上建立起来。英国人强调孩子的道德是被影响的，这就要求父母时时刻刻以良好的品德去感染孩子。

有些孩子说话不动脑子，口无遮拦，常常说出伤人和得罪人的话，说一些脏话、粗话、妄语、诳语等，父母不能听之任之，必须及时加以矫正，加以引导，让孩子学会说话，知道符合社会道德规范的行为应该是什么样子，等等。告诉孩子，说话不好听，行为讨人嫌，最后是没人喜欢你，自己没有朋友，走上社会会成为孤家寡人，你会很苦恼，所以受害的是自己。

对孩子要多鼓励

父母要肯定孩子的正确行为。爱听赞美鼓励的话，是人的天性，孩子更是如此。当孩子言行表现很正确、很好的时候，父母不能视而不见，要及时热情地加以赞美，要拥抱孩子，鼓励他（她）把好的言行发扬下去。父母通过对孩子不断地鼓励，使他们把良好言行建立起来，慢慢养成习惯。父母对孩子鼓励的话语越多越好，但不要庸俗化。这样孩子才会努力去呈现更多优质的言行和养成良好的品德！

父母要做出表率

在这方面，父母首先要以身作则，父母之间不能有肢体语言，不能有低俗粗暴的口语。父母之间的不良行为，会对孩子的心理造成严重伤害。己不正何以正人？家人彼此说话亲切、和气、富有感情，充满爱心与关怀，举止斯文、彬彬有礼；长辈要和睦相处、夫唱妇随、协调和谐，营造一个温馨快乐的家庭氛围。父母做出表率，必然会深深影响孩子。

使孩子养成学习习惯

对孩子的学习不能用胁迫的方法。要使孩子学习好，首先要设法让他们养成自觉性习惯，使他们发自内心地喜欢学习、热爱学习，对学习建立起兴趣，学习积极性才会持久、有效果。怎样培养孩子自觉学习的习惯呢？父母可以给孩子制订一个学习计划，父母可以和他们一起读书、一起玩；孩子大的时候要他（她）独立学习，学习时间与玩的时间搭配好，学的时候不玩，玩的时候不学，严格执行，孩子的学习习惯就能建立起来。孩子学习计划一定要落实，父母要天天检查执行情况，天天检查作业完成情况。孩子做得好要及时表扬，不足的地方要及时纠正。当孩子上小学四五年级的时候，就要给他们讲道理，一个人为什么要学习？你为谁学习？当他知道学习首先是为了自己，为成为一个有用的人而学习，使自己将来有一个好工作和好生活时，他的学习积极性、自觉性就会增强。

当孩子已经长大，初中即将毕业或要上高中时，父母可以给孩子讲一些"人生、做人"的道理，讲一些"人生观、价值观""个人和国家与集体的关系"方面的知识，可以给孩子们灌输"社会主义核心价值观"方面的内容。当今社会是市场经济，竞争上岗、聘任制，要求善于推销自己，要求每一个人具备自立自控能力和自强精神，所以要让孩子不要过多、过长依赖父母等。父母在给孩子讲这些知识时，最好用孩子容易接受的以讲故事的方式进行。

家庭教育是和生活紧密联系在一起的。在家庭生活中，每一件事情都是活的教材，父母要善于应用。父母在家里跟子女生活在一起，除了深入了解子女的心理活动和需求外，要多注意收集有关家庭教育方面的知识，循着这些教育原理、方法去教育子女。每个孩子就像挖矿一样都有无限的潜能，要有耐心去培植、去教导，如此坚持做就会给孩子带来美好的未来和希望。

父母应该学会怎样赞美孩子

孩子有进步、取得好成绩，父母应该及时给予鼓励和赞美。赞美孩子就能激发他（她）正确的行为，有利于孩子的健康成长。但是父母要拿捏好分寸：一是父母要观察清楚是不是好言行，但不能要求太高，也许对大人来说很简单的事，对孩子而言则是很困难的事；二是赞美用的语言是否恰当，一般的好事，鼓励一下就行，让孩子感到父母看到了他的表现，如果是较大的好事，一定要多赞美，不然孩子会很失望；三是赞美的频率，既不能太少又不能太多。所以家长赞美孩子也是一门艺术，要掌握好技巧和方法。

赞美孩子的技巧

所谓技巧，就是要表扬到点上，孩子才会觉得父母真正肯定了他（她）的努力，而不是一味空洞夸大地赞美。表扬要详细一些，让孩子知道为什么受到赞美，孩子才会更努力地做好。父母主要是表扬孩子的热情、强调参与。例如，在饭后孩子帮妈妈收拾碗筷，即使不小心打破了碗、盘，也不要责备，首先表扬孩子的参与，然后教孩子如何收拾才不会打破碗、盘。父母对孩子的动机要肯定、表扬，这样既激发了孩子的积极性，又教孩子学会了劳动技能。父母在赞美孩子时的态度与语言，要真心诚恳，这样会让孩子感受到父母的关注。譬如，有一个朋友告诉我，他的孙子今年 11 岁，有两件事做得很好。一是参加夏令营，做的陶瓷杯子、碟子、盘子很认真、很细腻，颇有点水平；二是一个周末，他听说上大学的姐姐要回来，他把姐姐的屋子、床，收拾得干干净净、整整齐齐，几乎和宾馆一样，全家看了都惊呆了。孙子的父母和爷爷奶奶一起商量对孩子这两件好事怎么进行表扬。商量的意见是：在吃完饭后，由父母表扬孩子做事认真的精神和对姐姐的关心与爱，然后鼓励孩子保持和发扬；由父亲提出问题，征求孩子意见：让孩子提要爸爸给个什么奖励……我的朋友说这次表扬效果很好。从此以后，孙子无论学习、做家务和参加学校各项活动，都很积极认真。

赞美孩子要避免误区

赞美孩子要避免误区。赞美孩子，不能简单地说"你真棒"，要具体、有内容，不然会降低效果。家长赞美孩子要注意的是，表扬孩子（多子女）要一视同仁；赞美孩子的形式要多样化，避免让孩子感觉老一套，产生表扬疲劳，你表扬他（她）反而不高兴；不要随意表扬使其庸俗化，比如无论孩子做什么事，家长不停地赞美，这样会使孩子产生错误的价值观，承受不了压力。对孩子赞美要分等级，一般好事进行一般表扬，如做善事、家务做得好等，父母提出表扬；如果孩子某事做得很好，在学校受到表扬或发了奖状，父母要对孩子进行物质奖励，如买最喜欢的玩具、最喜欢的服装等。另外，学习是孩子分内的事情，应该努力学习取得好成绩，父母主要是督促孩子并使其养成认真学习的好习惯，只有孩子勤奋学习取得优异成绩时才进行表扬和奖励。当然对孩子努力学习的精神，经常进行鼓励是必要的。

第七章　如何教育和管理男孩

许多父母认为养育男孩要比女孩困难，男孩比较调皮，爱动，天不怕地不怕，难管。其实男孩有许多与女孩不同的个性和特点，例如男孩都崇拜英雄，都想当英雄，都有强烈的竞争心理，爱冒险，比较倔犟等，父母只有了解了这些，才能把男孩培养成优秀的孩子。

人们印象中的男孩

过去人们在观念上、印象上和认识上，一直把男孩视为香火、肩负着传宗接代的历史使命、家里主要劳动力、经济来源和支柱。尤其在农村，谁家要是没有男孩，精神上要承受很大的压力，田地耕作确实需要身强力壮的男孩。

现在，随着科技与经济的迅速发展，男孩已不再担负那么多任务了，随着时代变化，父母的传宗接代的观念已经淡薄，劳动力也不成问题了。当今是技术时代，膀大腰圆的男孩未必能胜过斯文手巧的女孩。另一个重要因素是，管理男孩往往要比管理女孩更费劲、更辛苦。事实是，男孩长大以后，尤其结婚后，大多数是老婆管家，丈夫听老婆的，再加上男孩不善于和父母交流，话又不多。如果儿女不在身边，相当多的父母和女儿来往较多；在国外工作的儿女，老人去探亲，多半都住在女儿家……

男孩在成长过程中做冒险的事情多，给父母精神上造成很大压力，总怕他惹祸。美国著名教育专家詹姆士·杜布森博士在他的《培育男孩》一书中收集了很多"相当正派的成年男人"回忆他们发生在童年时代的趣闻。例如，一个叫马克的人回忆说，"我和几个男孩把猪的嘴封起来，然后把它绑到水龙头上，打开水龙头往它的鼻孔里灌水，把猪呛得直打滚，我们哈哈大笑……被大人发现后，我们挨了一顿揍"；一个叫戴夫·华盛顿的人说，"我和几个男孩在车库里发现了一个装有汽油的咖啡罐，于是就决定把它倒入检修孔，用火柴点燃，看看会发生什么。我们把罐里的汽油全部倒进去，盖上盖子，稍稍留了一点空隙，然后点燃火柴，投进检修孔。一种像喷气飞机引擎发出的声音传了出来，然后是'轰隆'一声巨响。检修孔的盖子掀了起来，一股火焰蹿到空中达15英尺（1英尺≈0.3米）高。同时发出了地震一般的声音，检修孔的盖子飞到12英尺外的邻居家的车道上，接着汽油沿着下水道流了近一个街区，和下水道里的沼气一起汽化了，把好几家抽水马桶都给炸坏了。我们受到了街区居民的严厉斥责"……

事实上，每个男人都会回忆起几件童年所做的冒险事或者搞些恶作剧的事。我也有这样的事。我和我的哥哥，常常比赛扔镰刀。镰刀要想扔远，必须抓住镰刀把抡几圈。有一次我在抡镰刀时不小心，镰刀砍在脚脖上，血流如注，我哥用土一把又一把往伤口上敷，许多土都染红了，好不容易把血止住了；我在农村长大，我和一些男孩，常做些恶作剧，例如对没有成熟的果树，爬上去使劲摇或用棍子敲，使水果落满地，高兴而去，或者祸害别人家的菜地、庄稼；邻居告诉我，我的儿子爬水管到三楼踢开窗户进屋；有一些男孩爬变压器，在火车轨道上跳来跳去等，出事故的屡见不鲜……应该说多数男孩子都是淘气包、顽皮鬼、冒险家、爱搞恶作剧……父母担心，邻居讨厌，老师不喜欢！在上小学时，我们一帮淘气包男孩常挨老师的板子。

这就是男孩！男孩的糗事多多！

如果说男孩一无是处，什么都不如女孩，不要说父母，就连社会上的男男女女都不会同意。男孩有许多女孩无法比的优点：他们骨骼发达，个子普遍高于女孩，力气大、精力充沛，有勇敢精神，喜欢当兵，在战场勇于冲锋陷阵，不怕牺牲；能保护女性和老弱病残，对社会上发生的不平事，敢于挺身而出；他们不忧伤、不爱哭，他们中大多数积极乐观；男孩的大脑充满奇想、幻想……我十几岁时就给我娘说，我要到外面看一看，外面是个啥样子！

这就是男孩，优点多多！男孩就是这样一方面令人讨厌，另一方面又让人赞叹不已，所以柏拉图在 2300 多年前就告诉我们："在所有的动物中男孩是最难控制和对付的。"

男孩与女孩不一样

通过大量事件对比发现，男孩走向独立比女孩早；在困难面前男孩总是设法通过自己的探索、努力，设法找出解决问题的办法。在困难面前从不哭泣；男孩做事情目的性很强，他们不太注重过程而看重结果，喜欢直截了当，很少考虑感情因素。他们擅长实践，会把闹钟、简单的晾衣架和他们认为自己能拆的东西都拆开，有时会把塑料瓶盖子拧开，挤出或倒出瓶里的东西。例如，我刚买的刮胡子膏，被我外孙子全给挤出来，弄得满地都是。他告诉我，他想看看泡沫最后会成什么样子?! 有时会用剪刀把好好的衣服剪坏，他说他想学会用剪子，他爱玩火，他说他想通过玩火发现他想知道的东西，等等。男孩会把几百个零件的玩具组装起来，会把不工作的闹钟或别的小机器重新修理好，使其工作起来，我外孙子经常干这种事。在这些过程中你会发现，他们很有耐心，思想很集中。女孩很难做到这一点。在这里我想强调的是，家里一些东西可能弄坏了，家里地毯上、沙发上、地板上到处散落着大大小小、有角有棱的零件，会硌大人的脚，甚至滑倒。父母心情不好时，一看到眼前这一幕，可能就要发火。我劝父母不但不要发火，而且要热情鼓励儿子："干吧，将来你一定是一个发明家，一个高级技师。不过要注意安全啊！"

男孩和女孩比较，男孩的感觉器官，天生要比女孩迟钝；语言能力相对女孩要差些；男孩的发育也比女孩慢些，等等。我们都知道男孩开始学走路和学说话都稍晚于女孩，身体发育的速度要到高中时才能赶上女孩，女孩长到十七八岁就不长了，男孩往往要长到二十多岁。我儿子一米七八的个头，是二十好几才长到的；在阅读方面男孩要比女孩差很多，书写能力也比女孩差。

男孩和女孩比较，男孩不但不怕声音，而且喜欢制造声音，喜欢动。女孩则喜欢安静。所以男孩喜欢英雄、超人、大侠等，喜欢用各种棍棒当武器，打呀，杀呀！非常崇拜岳飞、邓世昌、董存瑞，总想当英雄。喜欢看打仗的电影和打仗的小说。

男孩和女孩比较，男孩的细微动作协调能力比女孩差，如扣扣子、系鞋带、拿剪刀、拿针缝衣服、绣花、剪纸画等，几乎所有男孩都不如女孩……

生理医学研究表明，以上这些差异，主要在于男孩和女孩大脑结构有所不同。在孕育过程中，男女胎儿在大脑结构上的差别就非常明显了，男孩的大脑发育速度慢于女孩；男孩大脑的左右脑两部分之间的联系少于女孩。正是这些差异决定了男孩子与女孩子有不同的思考方式、行为方式。人的大脑左右两部分在大脑思维活动中各行其职，一半负责语言和推理，另一半负责运动、感情以及对时空的定位。大脑这两个部分依靠神经纤维束——胼胝体（大脑两半球的底部联合大脑两半球的神经组织）相互连接起来。男孩子胼胝体的体积比女孩子的小，即男孩子大脑左右两部分之间的联系非常少。

在大脑结构上男孩子的左脑发达，女孩子的右脑发达。左脑控制线性的逻辑思维、抽象性思维和分析性思维；右脑控制整体性思维和直觉性思维，右脑擅长想象和艺术活动。当代科学技术和医疗器械高度发达、先进，通过核磁共振成像脑部扫描技术可清楚地看到，男孩在进行活动时仅用一侧脑半球思考，而女孩子则可以用两侧脑半球同时思考。其原因就是男孩子的大脑左右两部分之间的联系较少的缘故。

神经学家实验研究发现，女孩子的大脑结构中左右两个半球区域的面积比男孩子的大20%~30%，于是男孩子在语言的流利程度、联想的流利程度方面都比女孩子稍逊一筹；同时男孩子的视觉、听觉、嗅觉、味觉和触觉，也没有女孩子敏感。因此，女孩子在适应和忍耐噪声、疼痛和不舒适感等方面较差，如果男孩了解这一点，对女孩易产生烦躁、焦虑感、爱哭等，就不会感到莫名其妙和不理解。另外，男孩子常常对物比对人更感兴趣、身体更活跃、攻击性更强，这一方面，他们在篮球场、足球场、排球场上表现得淋漓尽致……

"望子成龙""望女成凤"自古以来就是父母的期望。如何才能培养优秀的孩子呢？有孩子的父母都强烈地想这个问题。前面我们已强调，首先要把孩子养育成一个德智体都健康发展的正常人，其次再把孩子培养成一个有用的人或优秀者。

把男孩培养成优秀的孩子，首要任务是开发男孩的大脑，使其有良好的发育，特别是对右脑的发育。**大脑是全身器官的总指挥，是神经中枢。保护好孩子的大脑，尤其孩子患某种疾病，特别是孩子发烧**

时，要及时看医、服药，不能延迟治疗和服错药，成为重中之重。孩子后天发生的失聪、失明和大脑的损害，都是延迟治疗和服药不当造成的。只有在孩子大脑没任何受损的情况下，才谈得上开发孩子的大脑。

开发或促进男孩大脑的发育，就是通过左右手的高度协调和十个手指的高度协调来达到。做到这一点，最有效的途径，就是通过打字、学乐器、练习画画。有些人打字特别快，就是他（她）的左右手和十个手指，不但协调，而且动作特别快。我们不提倡男孩玩电子游戏，它虽然也可以开发大脑，但它对孩子刺激性特别强，容易使孩子误入歧途。我们现在是要开发右脑。左撇子孩子，右脑发育和开发就比平常人好。让孩子练习打字，英汉字都可以，学习吹拉弹奏等乐器都能开发左右脑。任何乐器要想弹得出、吹得出和拉得出优美的旋律，全靠左右手十个手指的高度配合。以拉二胡、小提琴为例，我有一个二胡和小提琴拉得很好的朋友告诉我："右手拉弦控制着乐曲的快慢和节奏，左手则灵巧地控制不同的音符和强弱。"让男孩学吹拉弹奏乐器既能锻炼手指的灵活性和其间的相互配合，还能协调大脑左右两半球。家长要明白，让孩子学一点乐器是为了开发和锻炼大脑的发育，不一定要求达到什么水平，参加什么比赛。同样左右手各执一支笔画同一个图形，写同一个字，不停地练，也能开发大脑，使左右脑都得到开发。在电视上有人表演双手写字，写得又快又好，而且上下左右都很整齐，就是在很小的时候练出来的，说明他们的左右脑高度的发达和协调。

开发男孩的右脑，可以通过听音乐，边听音乐边画画以及让孩子随着音乐节拍跳舞等来提高孩子的右脑的灵敏性；让孩子多做图形的变化练习，如用纸叠飞机、剪纸、拼图形，多做左侧肢体运动，多用左手来训练和刺激右脑的功能。在日常生活中让孩子多做左右手交替的活动，对大脑平衡协调以及右脑的发育非常有益。

培养、保护男孩的好奇心和探索精神

男孩子好奇心特别强，经常问父母或老师一些很奇怪、难以回答的问题，例如月亮为什么不掉到地上，公鸡为什么不下蛋，天黑了太阳去哪儿啦，月亮为什么白天不亮……问个没完没了；今天拆拆这个，明天拆拆那个，家里几乎所有的东西只要他能搬得动，都想拆，拆不开就用棒子锤子砸，这种"破坏性"司空见惯。孩子强烈的好奇心促使他想把所有东西看个究竟，父母应该知道探索心理是男孩的一个标志，不应该对孩子拆这个拆那个，甚至弄坏大惊小怪、发火斥责，这仅仅是因为孩子好奇心很强而已。父母应该高兴，因为这些显示出孩子强烈的求知欲和探索精神。这种所谓"破坏性"的背后可能就是孩子呼之欲出的创造性天赋。如果父母尊重、理解、支持和正确引导孩子这种探索精神，任何一个男孩长大后都有可能成大器。探索和发现是一对孪生兄弟，没有探索就不会有发现。当孩子有一定阅读能力时，就要让孩子读《十万个为什么》等和科普有关的书籍，这不但能回答孩子想知道的东西，还能进一步启发和开发孩子的想象力，鼓励孩子向更广泛领域、未知世界去探索。

孩子的好奇心和探索精神是可贵的，要保护、要鼓励。但是父母要引导，要时刻注意观察是否有危险。孩子是用好奇心去探索，还不会用理性去探索。所以冒险精神就成为男孩的另一个特征——"天不怕地不怕"，他不知道什么是危险，也不知道什么事有危险。男孩小的时候常常比赛爬树、往壕沟里跳、上树掏鸟窝、手持棍子互相打仗、在火车铁道上跳来蹦去、趴在铁轨上听火车来的声音等；稍大一点的孩子就比赛滑板、攀岩，比赛谁力气大等，不一而足。随着男孩年龄的增长，更钟爱一切富有冒险性的事物。实际上，哪个男孩身上没有几处伤疤和肿包。流血是家常便饭。我们要引导孩子通过做一些冒险事，来锻炼其胆量、勇气和坚强的意志，在这些过程中让他们注意安全，学会如何保护自己。

男孩精力旺盛、富于冒险，都来自体内的荷尔蒙——睾丸激素。睾丸激素的大量分泌，使男孩需要做一些冒险的事情去释放自己的能量，甚至十多岁的男孩就想出去闯荡江湖。我就是这样，就想打仗，十几岁就参军去了……父母对男孩生理上的发育，应该予以理解。他们需要通过爱动、冒险、攀爬、跳等活动来燃烧体内的睾丸激素，促使大脑健康发育。所以，在保护男孩安全的前提下，不要过多限制干涉孩子的行为。

探索、冒险、成功，是关联词，就是说成功寓于探索与冒险之中。因此，我们要培养男孩敢于冒险的能力。一个真正的成功者，卓有成就者，都是敢于探索、冒险和挑战自己的人。我们要使孩子勇敢而不懦弱，敢于尝试新的东西，敢于做第一个吃螃蟹的人。

培养男孩有纪律、有涵养

总体上说，男孩的性格比女孩急躁，不愿受约束，礼貌性差，还常有一些攻击性言行。如果不及时引导，会给孩子带来许多不好的影响：老师不喜欢，同学不喜欢，没有小朋友一起玩，会变得寂寞孤独；不利于孩子将来的求职、工作和事业。所以，父母要教育男孩学会自律和能够控制自己的情绪及言行。要告诉孩子什么事能做，什么事不能做；什么话能说，什么话不能说；什么叫有礼貌，什么叫没礼貌。一位智者说过：**"不能制约自己的人，不能称之为自由的人。"** 只有自律，男孩才能更优秀。一位贤达说：**"礼节是所有规范中最微小最稳定**

的规范。"礼在人类活动中是极其重要的，正如春秋时期左丘明《左传》中说："礼，经国家，定社稷，序民人，利后嗣。"父母要有意识地去培养孩子的自律意识和自律的能力，让孩子认识到言行有礼貌是有涵养的重要标志，社会接纳一个人往往是从"有礼貌"开始。在日常生活中，多给孩子讲社会的各种规则：游戏规则、交通规则、公共道德、文明礼仪、大家应遵守的法律法规等。通过这些教育引导，让男孩懂得控制自己的行为和情绪，培养男孩的纪律性和涵养。

怎样培养男孩的自律和涵养呢？首先，要引导孩子对自己的行为进行识别或鉴别。所谓行为识别就是让孩子知道自己行为的对错与善恶，即不该做的事、不该说的话，不做、不说；能做的事、能说的话，才去做、才去说。《家训文化》告诉我们做事和说话的原则："利在一身勿谋也，利在天下者必谋之；利在一时固谋也，利在万世者更谋之。"这就是做事的原则。"心术不可得罪于天地，言行皆当无愧于圣贤。""圭玷（玷是污点）可磨，言玷永伤。驷不及舌，语出须防。少说寡祸，发言有章。"这就是说话的原则。父母教育孩子心中要有一个道德"天平"，在做事和说话之前，有所考虑，有所节制，不能让自己的性子控制自己。其次，要提高孩子的心理素质。能自律是孩子心理素质高的表现。譬如说在同一种情况下，规定起床、吃饭、上学等，有的孩子能控制自己按时做到，有的则不能。从这些小事做起，来培养孩子的自律或自控能力，实现规则或规范；让孩子在做错事、说错话或有不恰当行为时，学会礼貌道歉，说一声"我错了，以后一定改"。在这方面父母一定要做出表率，例如在家里做错了事，态度不好冤枉了孩子等，一定要放下面子，诚恳地进行道歉。再次，教给男孩一些自律的技巧。尽管男孩懂得了自律的道理和重要性，可是有时仍不能约束住自己的言行而后悔。怎样才能控制自己的情绪和冲动呢？有如下一些技巧不妨可以试试：用深呼吸克制住冲动；默默数几十个数让自己冷静下来；用自己的舌头在嘴里转几圈把自己的情绪稳定下来；当自己烟瘾、酒瘾或性欲等涌上来时，用健康、道德和法律在自己脑海里过几遍，就可以把这些欲望压下去。有一个几十年烟龄的人告诉我，他总想戒，就是戒不掉，有一次他去看望病危的朋友，朋友告诉他："我不行了，我的肺癌就是抽烟抽出来的。"从此他戒烟了。以后烟瘾一上来，就一遍一遍地想这事。"不要见了棺材才掉泪"，应该早早学会自律；如果男孩能经常想到某某人是饮酒、抽烟过量而死亡，他就会戒酒戒烟或远离烟酒；一个男孩子到十七八岁时，性欲有时很强烈，此时，如果你能想几遍人的基本道德（道德使人增加安全屏障）和北京市某中级人民法院宣判×某某的强奸罪，你的性欲狂躁就会马上降下来。最后，父母应从小就培养男孩的自我反思精神。一个人要有一个好习惯必须从小进行培养。经常反思就会培养出自律的习惯。父母可以定期询问孩子：读什么书，有什么收获，交了什么朋友，发现自己的不足在什么地方，今后有什么想法，对父母有什么意见等。如果能坚持，把培养自律渗透到日常生活中，久而久之就会建立良好的自控能力。自控能力成熟的标志就是从有意识到无意识。

培养和爱护男孩"领头羊"的精神

纵观中国史和世界史，绝大多数国家、地区，绝大多数大型企业等，领导是男性的占多数，一直传承至今。这充分说明男孩和其他雄性动物一样总想当"领头羊"，有自己的领地，几乎成为一种模式。男孩的思维方式与女孩不同，他们做事风格是积极果断、大气、富于战斗性，总想当一位英雄。日常生活中的一些小事，男孩子都想争个高低，在一个正式比赛场上更是如此。例如，一场比赛结束后被打败的男人可能是真诚地向对手祝贺，其实这个男人想的是下一次我一定要打败他。有时在比赛场上也常看到被打败的男人把拍子摔在地上，这充分说明男人争强好胜的强烈心理。我的外孙子从一年级开始，就很羡慕负责孩子上下校车的小队长，可是只有五年级的学生才能当。他就天天盼着上五年级那一天，2017年暑假过后他就要上五年级了，这一天终于到啦。他早早就把小队长的黄色佩带系好，校车到来之前他笔直地站在那里，十分精神。上车时他让大家排好队，秩序井然，不争不挤，大家上好他最后上。

美国艾利姆夫妇在《养育儿子》一书中说："走进男孩的世界，我们会发现，在任何场合男孩最关心的事情就是：谁是头？"心理学家认为，每个男人都有当头的欲望，每到一个新的地方，男人之所以关心"谁是头"，是因为他想知道这个新领域的规则是什么，"当头"的条件是什么，然后自己怎么去努力创造这些条件，与现在的"头"去竞争。以我为例，我是学生时一直担任班长和团支部书记，注意担任这些职务的条件；我参加工作后也经常想并努力创造当组长、科长等条件。在我认识和接触过的男性中，大多数都有当领导的欲望。例如，有一位×某某，他现职是工厂副总，现在上级要任命工厂总工，他想应该提他或一定是他，可是最后提的不是他，他上火了，嘴巴肿得几乎张不开，一个多月才消下去。中年男人如此，可以想象男孩想当"领头羊"的强烈欲望。

男孩为什么有如此强烈的竞争心理呢？如前所述，这是由睾丸激素决定的，因此强烈的竞争欲望是每个男孩的天性。性别赋予他们巨大的能量，这是男孩的优势所在。但是关键在于父母怎样去认识，怎样去引导和教育。首先，男孩争强好胜不要认为是错的，不能过多地去限制或批评，要允许男孩有这种意识和行为，从心理上要接受自己的孩子，然后从具体事件中进行分析和引导。

竞争有利于男孩的自我发现。例如，当男孩之间发生竞争时，他们要直面自己与对方的差异：对方的优势和劣势、自己的优势和劣势。他们会发现彼此的不足，彼此相互学习和提高。如果拒绝接受对方的指挥或领导，这就能练习男孩怎样表示不同意并坚持自己的意见，这不但是发展男孩个性的一部分，也能够帮助男孩用正确的眼光去判断差异，提高其认知能力。

男孩间的竞争发生时，父母不要去说自己孩子对或不对，而是要孩子学会抗挫折能力，即使对方错了，也要学会怎样原谅对方的错误，增加友谊，让孩子学到更多好的东西。

父母要学会赞赏男孩的上进心理。如果孩子放学回来高兴地告诉父母："我今天考试得了80分，比上次多了10分。"父母一定要表扬孩子的上进心，鼓励他"下次争取再多考几分。这次比上次多考了10分，下次能不能再增加5分"。问孩子有信心没有。孩子一定信心十足地说："有信心。"切忌问别的同学都考了多少分。有谁比你多等。尤其当孩子说他比谁谁考得好时，父母切忌说："你为什么不和谁比，而和他比呢？"父母以为是鼓励孩子，恰恰是打击孩子的上进心、进取心。孩子在日常生活中所表现出的任何一件好胜心、进取心的事，父母都要尊重他的成就感，并帮助孩子逐渐建立起关于成就、胜利、赢输、竞争的健康概念。同时在竞争中一定要孩子树立诚信、公平、正当的心态，让其明白只要是竞争就会有胜者和败者，要孩子有男子汉气概：胜不骄，败不馁。

培养男孩大度、大器、敢于担当

父母要培养男孩具有大将风度。大将风度就是大度、大器、敢于担当。男孩要想不平庸、做一番事业、出人头地、实现自身价值，就得如孟子云："夫志，气之帅也!"大丈夫从不计较个人得失，从不为利所扰，从不为名所困，只有心胸宽阔，才能容纳百川。但是男孩这种大度、大器意识和此意识指导下所表现出的大气魄，需要一个漫长的培养和提高过程。

在今天的市场经济社会里，处处五彩缤纷，变化万千，如何培养男孩更好地适应社会，融入社会，开创一片属于自己的天地？孩子作为政治、经济、文化高度发达的现代人，要想事业有成，就必须修好这门课，为此孩子从小就要培养现代意识。现代意识我们指的是孩子能适应高速发展的社会思想、知识涵养、伦理道德和文化心理素质等的总和。

培养男孩的敢于担当就是培养他的责任意识，在完成一项复杂任务中，你只是其中的一员，你做的事情只是其中的一个环节，你要对自身的角色以及该角色所应承担的义务和责任有清楚的认识。一个负责任的人，知道自己的工作关乎着整体时，就会认真敬业，出点差错敢于承担责任，这样的人在团队里才会受欢迎，大家才乐意与你共事。

第八章 比较成功的家庭教育实例

实际上我国有许多家庭教育是比较成功的，在这里仅列举当前和近代几例成功的家庭教育，供我们学习和借鉴。

实例一·优秀家庭的家教

这里所说的优秀家庭，是指我国每年由国家文明办、全国妇联等组织以及省市评选出来，并授予"五好文明家庭标兵"光荣称号、"五好文明家庭"光荣称号、"道德模范"称号和"最美家庭"称号的家庭。这些优秀家庭勤俭持家、学习进取、爱岗敬业、尊德守礼、移风易俗、家风淳朴、孝字为先、夫妻恩爱、邻里团结等都做得到位、到家，而且在家庭教育方面也堪称模范。在这些优秀家庭里，团结友爱、温馨和谐，父母对孩子充满亲情和爱，为孩子身心健康成长创造了最良好的氛围。优秀家庭之所以优秀就是因为父母长辈优秀。他们认为："孩子是一颗饱满的种子，和任何其他物种一样，需要有良好的土壤、水分、阳光和养分才能发芽和茁壮成长。"优秀家庭能培养出优秀的孩子就在于以下几方面。

父母的榜样作用

获得"全国文明家庭"荣誉称号的刘英说："**家长是孩子的样子，孩子是家长的影子，家长以身作则是孩子最好的榜样。家庭是孩子的第一所学校，我们一定要为孩子创造最好的学习气氛；父母是孩子的第一任老师，我们要树立老师的形象，让孩子把父母视为最美的老师，把最好的家风通过父母的言传身教，去感染孩子的心灵……**"刘英讲述自己的成长过程时说："**我能德智体健康成长，能荣获'文明家庭'称号，正是妈妈对我的教育和她的模范言行影响的结果，我家之所以有好家风，得益于母亲的言传身教的家风。**"

全国五好家庭代表钱玉珍说："**我每天像过电影那样来检视自己一天的言行，有没有给孩子带来负面影响？我常常带着孩子在社区绿地、人行道上捡垃圾，给花草和树木浇水。一开始就我和我孙子，之后社区孩子参加的越来越多，我们就成立了小区清洁小分队，在规定时间孩子们都来，有的捡垃圾，有的浇水，有的向养宠物居民宣传，宠物要尿在草地上，拉的屎要收拾在塑料袋中……**"孩子在钱玉珍的带领下把小区的人行道，整得干干净净，花草郁郁葱葱，环境优美……钱玉珍的行动感动了小区很多居民，小区公共场所乱扔垃圾的现象几乎没有了。

全国道德模范李明素在一次洪水中临危不惧抢救群众的模范行动，深深感动了全家人，尤其感动了儿子。2007 年 7 月 17 日，天降大暴雨，一栋栋民房成片倒塌，情况万分危急。李明素站在自家楼顶上，看到十米以外的一个楼顶上站满了人，正在大声呼救。由于地处洪流中心的房屋受到强大冲击，随时都有垮塌的危险，一旦坍塌，群众生还的可能性会非常小。在这关键时刻，李明素毅然决定立即展开营救。**她吩咐儿子找出家里所有绳索，吩咐丈夫搬梯子，她千方百计安抚大**

家保持镇静，不要慌。全家三人先用绳子把梯子绑牢，再把梯子搭在两楼顶之间，梯子两端用绳子牢牢拴在牢靠的地方，李明素家三人全力扶住梯子，让对面楼顶上的人扶住梯子一个一个向李明素家爬来。时间一分一分地过去……在李明素指挥下，老人、小孩、妇女、男人依次爬了过来。男女老幼共32人全部安全转移到自家楼顶……就在最后一个人转移过来后不到十分钟，对面楼就轰然倒塌，顷刻消失在汹涌的洪流中……惊吓的群众情绪不稳，很怕李明素家的房子倒塌。李明素告诉大家，她家的房子根基比较牢，一时倒不了。她说大家不要怕，救援队很快会来救我们的……救援队来后李明素再一次挺身而出，帮助救援队安排老人、妇女、儿童有序转移脱险，她家三口人最后才撤离……李明素的榜样作用、勇敢行为，不仅群众赞不绝口，也深深感动和教育了儿子。事后儿子在一篇作文中写道："我长大以后也要像妈妈那样，在危险时刻，沉着、冷静、勇敢地挺身而出……妈妈就是我的榜样。"

最重视孩子的教育

优秀家庭的父母最重视孩子的教育，把家庭教育视为自己最重要的责任和义务。全国五好家庭代表、退休教师钱玉珍，与孩子感情极深，她说："我为孩子而生，对孩子的教育是自己生命的延续。""自己的今天就是孩子的明天，我们的事业要交给他们，我们没有理由不把孩子教育好。"她为了培养孩子们的品德，在社区支持下成立了"校外德育辅导班"。一开始有十几个孩子，不久增加到三十多个。钱老师给孩子们讲长征、抗日和解放战争的故事。孩子们最爱听《潘冬子》《鸡毛信》《小兵张嘎》和《董存瑞》的故事。在德育辅导班里孩子争先恐后地讲他们要当英雄，要机智勇敢，要学本事。钱老师还给孩子们讲小区里的好人好事，同时领着孩子们给孤寡老人采购食品、打扫卫生、看望老人，有时还给老人表演节目等。小区的家长和邻近小区的家长常来参观"校外德育辅导班"，看到孩子们个个健康，活泼可爱，有礼貌……家长们很高兴，深情地说："把孩子送到钱老师'辅导班'放心。"孩子们走出小区上初中、高中、大学后，有的来看钱老师，有的写信向钱老师诉说他们在"辅导班"的美好回忆。

获"全国文明家庭"荣誉称号的刘英，把对孩子关心、爱心和教育看得比什么都重要。她常常给孩子讲：尊敬老人，爱护帮助小朋友；对老师、同学文明礼貌，说话和气；好好学习，长本事，增智慧，成为一个有用的人；多做好事，做一个善良的人，做到"不因恶小而为之，不因善小而不为"……刘英的几个孩子在父母的精心教育下，在学习和德育方面都有良好表现。例如，她的孩子在课外经常帮助学习吃力的同学，劝导爱玩疏于学习的同学，都取得了成效。刘英家里墙上贴满了学校给孩子发的奖状；在社区，三五成群的父母常议论刘英孩子的表现，向刘英讨教教育孩子的经验……

用深情教育弟弟妹妹和子女

全国"最美家庭"代表娄跃文牢记父亲临终前的嘱托："你是大哥，你要照看好弟弟妹妹，别走错了路。"他对父亲说："我记住了，我一定把六个弟弟妹妹照看好，父亲你放心吧！"父亲的后事处理完了，他把全家人召集在一起，把父亲临终前的嘱托给大家说了。娄跃文向弟弟妹妹庄严保证："父亲的嘱托我一定做到。"娄跃文的妻子也说："我也要尽我的责任。"

在以后的岁月里，娄跃文夫妻一直践行他们的诺言。他们把弟弟妹妹和自己的孩子一视同仁，都视为最亲的人。娄跃文夫妻用深情与亲情去照顾他们，教育他们，千方百计创造温馨的家庭环境，使他们身心健康成长。娄跃文很注意自己的言行和道德修养，尽力在各方面为家人做出表率。**为规范家人的行为，培养好习惯，他从培养人品道德、努力学习、家庭和睦、文明礼貌、勤俭节约、吃苦耐劳、文明礼貌、邻里团结等方面制定了家约，书写工整，贴在醒目处。**每周大家坐在一起谈家约落实情况，谈心得体会……弟弟妹妹感动地说："**哥哥不是父亲而胜似父亲。**"在哥嫂关怀下，弟弟妹妹有的上了大学、有的上了专科学校，个个都找到了工作，哥嫂又帮助他们成了家。

尽管弟弟妹妹都工作和成家了，娄跃文对他们的关心不减，老想着父亲的嘱托，老想着自己作为哥哥肩上的重担。他坚持 20 年定期给弟弟妹妹写家书，多达 500 封 50 多万字。书信中每一行每一字都写出他对弟弟妹妹的深情厚谊。他的书信不仅仅是通常的问候、报个平安、提一点希望，而且是每封信都有一个题目，例如，**如何从思想上教育子女、如何培养好习惯、如何提高道德修养和高尚品质、如何勤奋向上、如何做善事、助人为乐、热心公益事业等。**弟弟妹妹都说："**哥哥书信写得工整、意义深刻，教人读后能久久回味、受益匪浅……**"

娄跃文大儿媳说："**公公的书信让我们娄氏家族成员，长期保持着思想上深层的交流与融合，无形中增强了家族的亲和力和凝聚力。**"娄跃文的孩子和弟弟妹妹的孩子长大成人以后，深感长辈写的书信内容丰富，字字传情，句句感人，他们决定把书信整理成一本书：**《家风路述函》，使娄氏子孙在此书指引下，健康成长、成人和成材……**

教子有方

优秀家庭的父母不仅重视家教，还研究家教的方式方法，积累了不少宝贵经验。全国"**道德模范**"郑玉凤，她教育孩子采用**启发式、对比式、讲故事，以及让孩子谈感想等来巩固一些好的观念、一些好的习惯。这种教育方法，孩子没有压力，自然效果好。**

她有一个男孩在上小学四年级时，在玩的时候和同学发生矛盾，很生气，闷闷不乐，就跑到山里大喊："我恨你！我恨你！"然后对面就传来："我恨你！我恨你！"孩子很害怕，感到山里有妖怪，他带着恐惧跑回家，给妈妈讲了一遍。妈妈听了就明白了怎么回事，于是说："真的吗？走，咱们去看看。"到了那里以后妈妈说你大声喊："**我爱你！我爱你！**"孩子照妈妈说的去喊，结果山里传来亲切的声音："**我爱你！我爱你！**"妈妈说："**孩子，你爱别人，别人就爱你，明白了吗？**"孩子高兴地说："**我明白了！**"从此以后，孩子一直和同学相处得很好。

郑玉凤平时很重视孩子的教育，很关心孩子德智体全面健康成长。她经常给孩子讲养成一个好的学习习惯的重要性。她对孩子说："**我们一天要吃三顿饭，几千年来天天如此，已经成为习惯，一顿饭不吃就感到饿。学习也是一样，要天天学，一天不学就像缺一顿饭，'饿'得慌；一天吃三顿，为什么不一天吃一顿多吃点？这是人体各个器官需要的，这是人体健康需要的。一天三顿饭就是人类生存的好习惯；学习也一样，要天天学，日积月累才能学到很多知识，'一口吃不成胖子'，天天学就是人类积累知识的好习惯。**"孩子听得津津有味，自然而然就培养了孩子的学习习惯。

全国道德模范李明素的儿子，一天放学回家抹眼泪，妈妈问他为什么哭。孩子没回答就回屋了，妈妈也没再追问。第二天李明素给孩子班主任打电话问问情况，原来是老师批评了他。昨天数学考试有一位同学考得不好，她的儿子当面说那位同学真笨，那位同学哭着回家了。李明素觉得自己孩子确实不对，但应怎么帮助他认识错误呢？她想了好久，认为这个法子可以试试。一天她找孩子唠嗑，**她问孩子班里有几个同学，高的有几个，低的有几个，你是高是低？**孩子一一作了回答；妈妈让孩子把手伸开问孩子，五个指头为什么不一样长啊？孩子答不上来。妈妈说世上的事物千差万别，相同的很少。拿你来说，在你们班里，有人长得比你高，还有人比你学习好。比你高的同学没有说你矮，比你学习好的同学没有说你笨。经妈妈启发对比式教育，孩子醒悟了。当即向妈妈表示，自己说考试差的同学真笨是错误的。妈妈说："你是不是应向那位同学道歉?"孩子回答干脆："**应该。**"一天晚上李明素领着孩子到那位同学家进行了诚恳道歉。其后他们成了好朋友，李明素儿子还主动帮助那位同学，一段时间之后，那位同学的成绩也赶了上来。

实例二·傅雷教子

我们知道傅聪是世界级钢琴家，这与他受到的家庭教育不无关系。

从生活小事培养儿子傅聪

傅聪的父亲傅雷十分爱儿子，但从不溺爱娇纵他。傅雷对儿子怎样做人做事的教育寓于立身行事、待人接物的家庭生活之中。诸如穿衣、吃饭、站立、走路、说话等这样的生活琐事，傅雷对儿子提出严格要求。比如吃饭，父亲就很注意儿子坐得是否端正、手肘靠在桌子上的姿势是否正确；吃饭时是否发出失礼的咀嚼声；吃饭菜时是否挑三拣四，当发现傅聪光吃肉不吃青菜时，傅雷就会把肉端走，或把肉与青菜拌在一起，而且让孩子一定要吃完或吃指定的量。就这样来培养孩子好的习惯。傅雷说要想使孩子有出息，必须从小事抓起。

培养傅聪适应社会

傅聪在成长过程中，傅雷非常注意培养孩子的大环境、大社会生存意识。父亲仔细观察傅聪的思维活动、言谈、行为、做事的态度、情绪变化等，及时抓住孩子的思维、具体形象等特点，把做人的教育贯穿在孩子接触到的、易于理解的日常生活中，逐步提高傅聪的辨别能力，加深他的道德情感的体验，来培养傅聪良好的行为习惯。正是傅雷细微关心教育，使傅聪从小就身心健康、举止端正、思维敏捷、情绪沉稳，为傅聪以后适应复杂的社会环境奠定了基础。

傅聪从八岁开始学钢琴。弹钢琴是极为单调、寂寞和枯燥的，要求人要坐得住、思想专注。为此傅雷常常把儿子一人关在屋内，他在外面听，看看傅聪能不能聚精会神地弹；有时傅雷邀请一些朋友来，制造一些干扰，看傅聪能不能精神专注地弹琴；有时傅雷要求儿子连续弹几个小时，看他能不能坚持……傅雷用各种方法来考验儿子能否做到不受任何人和任何环境的打扰。

傅聪成名后回忆说："**钢琴是我的'情人'；音乐是我灵魂的'避难所'；我是钢琴的'奴隶'；我每天花 11 小时与钢琴'促膝谈心'……这都是我从小练出来的。**"

培养傅聪吃苦

我们知道傅聪是世界级钢琴家，但他吃了多少苦——每天花十多个小时和钢琴"促膝谈心"，做钢琴的"奴隶"，牺牲了多少童年的快乐——我们知之甚少。他 8 岁学钢琴，9 岁师从意大利钢琴家梅百器；18 岁的他又拜苏联钢琴家勃隆斯丹夫人为师；21 岁的他又被国家选中赴波兰留学；26 岁的他为钢琴艺术背井离乡，浪迹五大洲，只身驰骋于国际音乐舞台……80 岁的他还依然出现在世界各国知名音乐厅，已经成"傅爷"的他还在给上海音乐学院学生授课。他为钢琴音乐艺术，除了获得无数热烈掌声而有点喜悦和成就感外，应该说人生的绝大部分时间享受的都是"苦"。当我们谈论一个人的成功或成就时，实际就是谈他吃的苦。傅聪这种"苦"是父亲从小就开始培养他，让他练就出来的。

傅聪的成就

苦换来成就。1953 年刚 20 岁的傅聪作为中国唯一的选手，参加第四届世界青年联欢节钢琴比赛，**获三等奖**；1955 年他参加有世界 74 名选手参赛的第五届肖邦华沙国际钢琴比赛，**荣获第三名和玛祖卡最优奖**；在国际音乐舞台获得了"钢琴诗人"之美名；"傅爷"的尊称已在上海音乐学院校园内传开。"傅爷"诠释的肖邦、莫扎特、德彪西，有一种让人难以捉摸的深度和古典美……

实例三·梁启超的家教

梁启超是一位著名的教育家，他很重视又很懂得家庭教育。梁启超的家教着重于精神情操与道德人格方面的教育，他的教育内容方法等都与时俱进，特别是他倡导的尊重个性和启发式教育理念，把每一个孩子的道德修养和创造性最大限度地挖掘和提升，力争使他们成为社会最有用的人。梁启超是一个负责任的父亲，是一个出色的家长。

做一个合格的父亲

梁启超非常注意自己道德、人格、人品的修养。他说他秉承祖父、父亲那里的"义理""名节"为根基的家教，祖上尤其强调道德、人格、人品的修养。梁启超非常注意自己为人父的形象。他在给孩子的信中说："我自己常常感觉我要做青年人的人格模范，最少也要不愧做你们的模范。"梁启超不但自己知识满钵、功成名就，而且教育出梁氏满门奇葩，一门三院士，在中外史上无其右。他是一个无可争议的合格的父亲。

教育孩子如何看待人生

梁启超经常给孩子们讲人生的道理。他把人生、人生的事业、品行修养概括为："莫问收获，但问耕耘；学问是生活，生活是学问；人贵自立；失望沮丧是我们生命上最可怖之敌，我们须终生不许它入侵；我想有志气的孩子，总应该往吃苦路上走；处处忧患是人生幸事，不过不必忧虑，只需用相当努力便好；今天谁也料不到明天的事，只好随遇而安罢了；择交朋友是最要紧的事，宜慎重留意……"

在做人的道理方面，梁启超常给孩子们讲："我常说天下事也无所谓大小，士大夫救济天下和农夫善治其十亩之田所有成就一样，只要在自己责任内尽自己力量去做，便是第一等人物……"

他在看待人生方面，说出了人生的真谛，我们每一个人要认真琢磨、咀嚼，领会其精髓，我们就能活得活脱与潇洒，一切都看得开……

用书信传递对孩子的深情厚谊

梁启超对孩子的爱与关怀，都倾注在书信中。在 30 年间，他写给孩子的信近 400 封，通过这些信，把他淳淳的爱、谆谆的教导和希望，传递给孩子，同时也把自己的快乐、自己的失败，甚至自己的一些苦恼告诉孩子。例如孩子的婚姻，梁启超甚为关心。他经常给孩子讲，"婚姻是大事，不能草率，不能感情冲动"。他在信中说：青年人为感情冲动，不能节制，任意冲破婚姻礼仪道德的罗网，其实乃是自投苦恼的罗网，真是可痛，真是可怜！在婚姻上不严肃的人，既不道德，又必招致苦头……品行上不曾经过严格训练的人，真是可怕。他说："我对你们的婚姻，得意得了不得。我觉得我的方法好极了，我出主意谈看法，最后决定在你们自己。"在这一方面，我们所有的父母都应该这样做，千万不要把自己的意见以决定的形式，强加给孩子。

当孩子们面临选择、感情波折、人生困顿之时，他以自己的人生感悟、用最温婉的方式，最及时地传递给孩子。比如他对梁思成说：建筑艺术专业容易产生苦恼，你应拿出点光阴学一两样娱乐方面的学问，如音乐、文学、美术等；当儿媳林徽因的父亲不幸身亡时，他像慈父般对林徽因说：像朋友一样的爹爹走了，没有来得及说一声"再见"；在讲到感情问题时，他说：你们都知道我是感情最强烈的人，但经过若干时候之后总能拿出理性来镇住它，不致受感情牵动糟蹋自己的身体，妨害自己的事业……

我们所有的父母应该学习，使自己有丰富的知识、有伟大的胸怀和高尚的品质，但最重要的是要有关爱孩子的责任感，像以上所有的父母那样，用亲情、关爱和高度负责的态度去教育自己的孩子，做合格的、没有遗憾的父母……

第九章　家庭教育中存在的问题

家庭教育因其特殊性和影响，在我们的大教育系统工程中起着重要的作用。自从我国 20 世纪 70 年代实施计划生育政策以来，父母绝大多数都有一个孩子，自然就过于宠爱和溺爱；改革开放以来父母大部分都出去打工了，把孩子留给爷爷奶奶、外公外婆看管，除宠爱外，又过分疏于对孩子的教育管理。很自然地孩子的家庭教育中存在不少问题，在一定程度上影响孩子的健康成长。

家庭教育观念的正确与否直接关系到家庭教育的方向与质量。因此，正确的家庭教育观念是家庭教育成功的导向和动力。

家庭教育中存在的问题有以下几方面。

父母意见不一致

有一些父母在教育孩子方面缺乏沟通，而且固执己见，甚至在孩子面前大吵"我对你错"，使孩子不知所措。因此，在家庭教育时，父母意见一致是重要的。尤其在看到孩子有些问题，但问题的性质、产生的原因以及怎样对孩子进行教育、从哪里开始，弄不清楚时，父母一定要进行切磋研究，意见一致后再和孩子谈。如果孩子犯了错误，决定几天不让他看电视，父母必须说到做到。随便更改决定，会让孩子抓住父母的软肋。因为孩子本来就千方百计想逃避惩罚，只要有一点机会他们就会竭尽所能做到这一点，久而久之就可能成为"机会主义者"。

滥用奖罚手段

孩子在幼童时期正在形成是非辨别能力，父母要从多方面帮助他们明辨是非，尤其要通过一些实例给孩子讲哪是"是"、哪是"非"。父母自身应该在平时养成奖惩分明的习惯。当孩子犯错误时主要是讲清楚"是"和"非"，**不轻易用惩罚手段，**正如美国家教《十二法则》中有"**惩罚法则**"，但一再提醒"**慎用**"；当孩子做了好事，或考试成绩好、作业做得好、家务劳动好时，要多采用口头表扬和鼓励。奖惩不能庸俗化，不然孩子会养成为得奖而学习和做好事。只有孩子犯了大的错误时，才进行必要、适当的惩罚。惩罚在孩子看来总是负面的，一定慎用。

比较多，责备多

有一些父母总是主观地否定自己孩子的言与行，总喜欢拿别的孩子与自己的孩子做比较，说孩子这不如人家，那不如人家。长此以往，就会将孩子的积极性、上进心给抹杀掉，而孩子的自尊心和自信心会被无情地摧毁。作为父母要多发现自己孩子的优点和长处，并加以肯定和鼓励。要记住不管大人或孩子，人的本性都是喜欢表扬和鼓励。同时在孩子面前也不要说别人家孩子的缺点和坏话，当然也不要多讲别人家孩子的优点，不然会让孩子觉得在父母心目中我总不如别人。

过于重视给孩子选择学校

不论中国或外国，孩子就读学校都是以居住社区来分的。为了使自己的孩子上一个所谓的好学校，父母费尽心思，想各种法子来达到：有的搬家、有的托关系。实际上花那么大劲给孩子选校效果如何呢？客观地说，孩子选校后学习成绩确有提高的，但大多数没有提高，部分学生反而下降。我的孩子选校教训深刻，我曾把两个孩子送到我认为好的学校。他们住不习惯、吃不习惯、人文环境差、孩子寂寞孤独，学习成绩都不如原校……我的儿子去了两个月，就半夜哭着走了五六里地回家，坚决不去了；我的女儿送外地学校一年，由于各方面不适应，学习成绩不佳，使她又复习了一年才考上了大学……几十年过去了，但是一想起给孩子转校，我就想哭，悔恨不已。

为什么给孩子选校多数失败呢？我想不少父母和我一样，**存在盲目性、人云亦云、赶潮流**。孩子转到外校，那个学校师资、教学情况、环境、吃住等，家长听说的多，实际考察很少，甚至就没有考察。转校大多是父母的意见，几乎没有当事人——孩子的参与；给孩子转校，多半是孩子学习不好，成绩差。这样，孩子往往受外校学生的歧视，老师又不重视，孩子自然就产生压力和心理障碍，在这状态下孩子能学习好吗？在美国也一样，父母想提高孩子的学习成绩，不遗余力地给孩子选校，但得到好结果的并不多……**把孩子送到外校一定要慎重**！

太看重学校的快班

许多父母都想让自己的孩子进快班，包括孩子自身，当然我也是。不过有例外，这个例外就是我儿子。我儿子在某市读高中，他在慢班，学习比较努力，成绩较好。在学校定期调整快慢班学生时，要我儿子去快班，但我儿子不去，坚决留慢班。当时老师和我都不理解。有一次我和儿子谈这件事，他给我讲了他的真实想法。他说在慢班如果你努力学习成绩好一点，老师特别重视你。例如，课堂提问一定提问你，如果让学生上台做演练一定叫你；你的作业老师批改的特别认真，经常关注你的学习，有时还专门指导你。你去快班，快班的同学和老师，认为你是从慢班来的，只是在慢班学习好一点，来快班也是排在最后，同学用另眼看待你，老师根本不会重视你，你不在关照的对象之列，你的学习成绩很难上去……我越想越感到儿子说得有道理——我想请其他父母和孩子都仔细琢磨和体味。1988 年高考，该高中只有一个孩子考上了重点大学，数学满分，那就是我儿子。

虽然我儿子是个案，但说明我们家长不要过于迷信快班。不管孩子在快班或慢班，能够静下来，专心致志地学习最重要。我儿子在高中期间，几乎每天晚上都学习到十一二点。人们的聪明指数有高有低，只要刻苦勤奋，孩子必然有希望学习好。

父母疏于管理

有一些父母对孩子过于放手、放心，该教育的也不教育，该管理的也不管理。总希望孩子对大事小事都能"晓之以理"，结果放任自流。当孩子年幼时还缺乏足够的经验和判断力，在生活中，有许多事情、许多地方需要依靠父母的指导，如果父母总是忙于工作、懒惰或光顾自己跳舞、打牌，对孩子疏于管理，这容易使孩子变得为所欲为，孩子一旦养成不良习惯，就很难改正，将严重影响孩子德智体的健康成长。

过于保护或溺爱

对孩子正常的爱和关怀是必需的，而且要深入各个方面。但是父母不能把子女的事大包大揽，连孩子能做的事或该做的事都不让他们去做，尤其将孩子的活动范围也限制在自己指定的圈里，父母一天到晚围绕孩子转。这种过分保护或溺爱，严重干扰了孩子身心的正常发展，导致孩子缺乏独立的生活能力、自我控制能力，丧失社会交流能力，离开父母就不知所措，做任何事情都缺乏信心。

管教方式不当

对孩子的管理和教育首先要充满亲情，这是教育孩子想有好效果的基础和前提。我们有些家长，性子急、脾气暴躁，对孩子做错事不是骂就是打；还有一些父母看到孩子表现或做事不满意，就对孩子训斥挖苦，用词低级粗俗等，这非常伤害孩子的自尊心和自信心，造成孩子不敢见父母，不敢和父母说话，尤其不敢说真话、说实话。久而久之，孩子有家不敢归，容易在社会上游荡或被坏人利用。不管孩子有多少或多大过错，父母一定要冷静、一定要有耐心。为做到这一点，父母先从检查自己开始，孩子出现这种情况是否和自己有关……

父母没有起到榜样作用

孩子在幼年，在这个世界上他们最亲的人是父母，最相信的人是父母。因此，不管父母对错，他们都去模仿。父母的言行在孩子的脑海里潜移默化，逐渐以父母的言行养成自己的言行。榜样的作用对孩子的影响是巨大的。但是有一些父母不但没有起到这个作用，相反，起到坏作用。例如，夫妻之间经常吵架，甚至厮打，行为不轨、闹离婚、争财产；行为不检点，爱说别人的坏话、拨弄是非；爱占公家或别人的便宜，并在孩子面前津津乐道；父母不勤劳、不讲卫生、衣着邋遢、家里凌乱不堪等，都给孩子带来极坏的影响。

父母要有良好的形象，有良好的道德行为，用榜样的无声语言去影响孩子。

父母不知道怎样教育孩子

我们有些父母由于文化程度不高、阅历少，不善于观察孩子的言行，尤其孩子经常想些什么，有什么需求，知之甚少。因此，当孩子出现问题时不知所措。如果你是关心孩子的父母，你可以先听听孩子的想法、意见、要求，不管其正确与否；父母也可以向教育孩子有方的家长请教，学习一些方法，让他们提供一些教育孩子方面的有关资料，来充实一下自己。

对孩子的想法、要求、问题、错误，没弄清楚的情况下，宁可暂时不说，也不要乱说，更不能急躁发火，否则会造成难以想象的后果。

单亲家庭的孩子得不到父爱或母爱

孩子是需要得到父爱和母爱的，可是父母离异以后的单亲家庭，对孩子来说，爱是不完整的。我们都知道女孩和母亲在一起多一些，而男孩则和父亲在一起多一些，父亲又常常带着孩子去公园和游乐场玩耍。离异以后孩子很长时间见不到父亲或母亲。现在的实际情况是不管男孩或女孩，离婚后都多半跟着母亲。父母离婚的原因很多，但最后都归到双方感情破裂，因此，母亲不愿让孩子多见父亲，使孩子的亲情缺失，性格容易发生变异。单亲的孩子在学校、在同伴中都受到异样看待，心理上产生压抑感，容易孤独或孤僻，严重影响孩子全面健康成长……夫妻要经常培养感情，共建幸福美满家庭；孩子是父母爱情的结晶，是父母感情的纽带，是父母关系的润滑剂。为了孩子的健康成长和孩子的美好未来，夫妻双方都要把爱心倾注到家庭，倾注到孩子身上，使家庭有牢固的基础……夫妻离婚无论对谁都是不幸的，受害最大的是孩子。

生养分离

自 20 世纪 80 年代起，我国实行改革开放，经济建设轰轰烈烈在全国展开，尤其环境好、起步早的沿海地区，如上海、天津、深圳、江浙一带等，再加上国家给予的优惠政策，这些地区经济发展特别迅猛。因此，在全国，工人、农民、知识分子等形成迁徙大潮，大量人员涌向上述地区。因此，年轻父母把自己的孩子都留给爷爷奶奶、外公外婆，出现了比比皆是的"农村留守儿童""城市留守儿童"，出现了长期"生养分离"的局面。祖辈对第三代只能做到管他们吃、穿、睡和安全（有时难以做到），不可能管孩子的教育。"隔代人"管理的孩子，总体来说，心理素质较差，没有好的习惯，不懂什么纪律和规矩；学习没人管，大多数孩子学习成绩较差……由于孩子与父母长期分离，感情淡薄，即使父母回到孩子身边，感情也很难融洽起来……要使孩子身心全面健康成长，成为一个德智体素质高的人，父母对孩子不能生养分离……政府和社会已经注意到和正在解决这些问题，孩子上托儿所和上学的问题都设法在父母所在的城市，进行安置和解决；

一些城市已经放宽落户条件，并为外来打工者的孩子成立了专门学校。总之，社会、社区和父母也都在积极创造条件，让孩子尽快回到父母身边，有一个完整的家。

上面我们讲的生养分离和把孩子送寄宿学校对孩子的危害，一些家长有不同的想法，认为不一定那么严重。美国一位心理学家曾用猕猴做过一个著名的心理实验，回答了这个问题。

这位心理学家把一些幼小的猕猴和母亲隔离开来，在小猕猴的笼子里安装了两个"假妈妈"。其中一个"妈妈"用硬邦邦的钢丝做成，但胸口上有奶瓶，另一个"妈妈"用软的绒布包裹，但没有奶瓶。按照人们"有奶就是娘"的常理推断，小猕猴应该和有奶的"妈妈"更亲近，事实则不然。小猕猴只是在饿了的时候才靠近钢丝做的"妈妈"，一吃完奶就回到绒布"妈妈"这里。这个细节可以让我们看到，幼儿内心本能恐惧什么和向往什么，他们对温暖的依恋和需求甚至超越了食物。这个实验到这里还没有完结。到这些猕猴成年以后，基本上都表现出各种各样的心理障碍。实验人员把它们和另外一些吃母乳、在母亲怀抱正常长大的猕猴放在一起后，这些从小没受到正常母爱的猕猴不能融入集体生活中，大多性情孤僻、冷漠，不会交配或拒绝交配。实验人员通过人工办法让这些有心理障碍的母猴怀孕，待小猕猴出生后这些母猴对小猕猴冷漠无情，残忍地虐待小猕猴，有的甚至咬死了自己的孩子。猕猴和人的基因94%是相似的，它们身上反映的正是人类最初始的情感状态。**这个实验说明，温暖的怀抱、慈爱的眼神、温柔的话语、肌肤相亲，是一个有智力的生命能正常成长的不可或缺的东西。**

竞争焦虑

现在的年轻父母们普遍存在一种焦虑。他们的焦虑是："我们能否为孩子提供良好的生活条件、良好的教育？我们是否有能力培养出一个具有社会竞争力的孩子？"这样，父母就产生一系列的困惑：孩子要不要上胎教班、早教班，如何为孩子选到一所好的幼儿园、一所名小学、不错的中学，如何帮助孩子取得高考的好成绩等。如果按照这种思维走下去，父母要永远焦虑下去。实际上，父母用不着想那么多、那么远，不可能把孩子的一生都包下来，既然父母能一路走到今天，孩子为什么不能？应该相信孩子不会比父母差。

在市场经济条件下，人才竞争激烈，几乎所有的人，都是从竞争中成长起来，而又在竞争中生存。大多数人，总觉得经济上没有安全感，但他们又抱有较强烈的成功动机。所以竞争意识已强化为他们的天性，这种天性又必然转移到他们对孩子的教育中。"领着孩子去打拼"成为他们抚养下一代的一种下意识心态。可是毕竟绝大多数人受制于种种条件，在竞争中常感力不从心，这就引起他们内心的焦虑。

客观地说，竞争是社会问题，在市场经济条件下，竞争是必然的，而且不会减轻只会更加激烈，所以用不着焦虑。换句话说，你焦虑解决不了任何问题，而且不会因为你的焦虑，竞争就会减轻，你没必要把这种焦虑转移到对孩子的教育中。你用焦虑的心态去教育孩子，孩子会有健康的心情吗？他们身心会健康成长吗？你总不能让孩子和你一起焦虑吧！

父母在打拼，在竞争中生存。人生是需要竞争的，只有竞争才会给人们成就感，社会才会进步。但从教育角度来讲，竞争一定要守住两个度，一个是心理程度，一个是年龄向度。前者说的是"适度"的竞争是好的，不要"失度"；后者说的是并非任何年龄的人都要参与竞争，老年人和孩子们的生活就不应该有竞争。孩子是未成年人，让他们的心理天天处于竞争状态，会影响其正常成长。可是现在儿童竞争问题则十分突出。如果家长们把自己的竞争心理和压力投射到孩子身上，孩子们从幼儿园开始就进入了赛场。现在上这个班那个班，上这个课那个课，再加上繁重的作业和名目繁多的评比，几乎占了孩子的全部时间，压得孩子喘不过气来——这种违反儿童心理、违反教育的事，实在是太多了！一句话，要把孩子的负担减下来。

人们总以为所有的竞争都可以促进儿童的进步，恰恰相反，绝大多数竞争对绝大多数孩子造成危害。最终有竞争活力的而不受伤害的只是少数人。当竞争焦虑成为普遍的思维方式时，带给成年人的只是焦虑和相伴的危害，带给孩子的则是一生的无力感、自卑感和心理失衡，对孩子的损害很大，一点点益处都没有。**孩子在幼儿园、小学的教育的任务是让孩子在"成人"的道路上健康成长，而不是在"成材"的道路上迅跑。**

"强势"或"强权"教育

家长对孩子实施"强势"或"强权"教育，总想使孩子学东西多，总想使孩子提高快，尽快成材。这种教育思维和教育方式对孩子是否有益？孩子在不同年龄接受不同的知识是有其规律的，揠苗助长、急于求成是违反其规律的。现在中国社会处于急速转型时期，市场意识扑面而来，它迅速成为一代代人的思维方式；同时，他们的文化程度又都比较高。他们自信自己有能力教育好自己的孩子，可是有关教育中的科学与民主意识还未得到普及。所以，很多人会用商业社会的思维特点要求自己的孩子，表现出对孩子要求比较严格，或是以技术思维方式来对待孩子。比如，他们把孩子送进寄宿制学校，想使孩子有优异的考试成绩、有严格的管理，对孩子进行军事化的"听话"训练……家长很坚信自己的意见总是对的……总之，在现实生活中父母表现得很强势、很急。家长很少站在孩子的角度想，孩子很小就送进寄宿制学校，实际上造成"生养分离"。家长的这种做法，就是对孩子的自由意志的剥夺，也淡薄了与孩子的亲情。孩子小，离开父母就有恐惧感；在生活上，一些孩子还不能自理，甚至会因尿床而遭到一些大孩子的嘲笑和老师的冷眼，严重影响孩子的自尊心。这样做的结果造成与父母的初衷相悖。这种学校没有多长时间都关了，因为它违背了幼教的原则。

关于儿童的"自由"教育

"自由"这两个字，在我们的教育中和公众的观念上，还没有形成共识，对它还有太多的误解。每当有人在不同场合谈到给儿童自由的问题时，总会遇到质疑，而质疑者总会把自由理解为"放任自流"。这显示我们对"自由"的理解尚处于一个幼稚的认识阶段。自由和尊重是一个硬币的两面，当社会都在谈"尊重孩子"，却在"自由"的观念上出现盲区，尊重就变成了一句空话。所谓教育中给予孩子自由，就是给孩子留出空间和时间，让孩子去发挥自己的想象力和创造力。所以，我们想请年轻的父母亲来一次自我思想启蒙运动，好好重新认识与估价"自由"在教育中的价值。理解和认识到了作为孩子的自由意志在教育中具有如此价值时，家长内心就会掀起一场去"强权或强势"运动，这不仅是家长的进步，也是整个社会教育文化的进步，对孩子来说真是"久旱逢甘露"。但是，不管在中国或外国，当孩子大了，他们独立、自尊、自信的愿望越来越强烈，希望受到尊重，不想让父母天天在自己身边看着自己。例如美国，父母对孩子课外活动过问得不多，大都是孩子选择他喜欢的项目，如橄榄球、棒球或网球等，只要孩子选定了，父母都会支持，而且在进行比赛时，父母都会到场呐喊助威。这个时候如果父母缺席，孩子会备感失望。中国父母替孩子想得太多，管得太多，代替孩子办的事情更多：让孩子学这学那、进这个补习班进那个补习班、上哪个学校学什么专业等都管，无视孩子的愿望，偏偏对孩子学校活动或校外活动不感兴趣，很少到场去看和鼓励。父母包办孩子一切的做法，对孩子的独立、自尊、自信伤害很大，对孩子融入社会带来非常不利的影响。当然，我们也应该看到目前有许多家长正在改进，像选学校和选专业由孩子定，父母给他们当参谋……**孩子大了一定要放手，孩子靠父母是长不大的；他们摔几次跤、碰几次钉子，吃一些苦头，才能真正长大。**

第十章　探讨家庭教育中问题的解决办法

如上所述，家庭教育中确实存在一些不同程度的问题，阻碍了孩子德智体全面的健康成长。不论中国和世界其他国家的教育专家、教育机构和社会其他机构，都在研究不同年龄段孩子的家庭教育和学校教育问题，以及两者怎样结合使孩子教育更有成效。

有一些事情值得我们思考：为什么一些孩子学习成绩很好，动手能力却很差？为什么一些孩子多才多艺，心理素质却很差？为什么一些孩子在学校里是个"乖乖娃"，在家里却成了一个不听话的"小霸王"？

这些现象与我们在前面所指出的家庭教育、学校教育中存在的问题密切相关。家长和学校的教育方法有失偏颇，过于重视学习分数，而对学习之外的家务劳动和其他与劳动有关的活动，要么包办代替、要么对劳动不当一回事，认为与孩子成长关系不大，甚至认为干点家务劳动会影响孩子学习。实际上，劳动对于孩子的动手能力和心理素质的提高都大有裨益；常干家务活的孩子不但心理素质好，而且学习也好。

孩子普遍缺乏生活经验和责任感，这与家庭教育有关，也与社会不良风气的影响有关。由于社会不良风气的影响，使学生在学习和生活中出现了种种令人担忧的"怪圈"。这真实地反映了现实社会中的一些不良意识，正在潜移默化地污染着学生的心灵。消除"怪圈"，亟待学校、家庭和社会的共同努力；为了孩子的健康成长，我们必须重视这些问题。

不少教育人士、专家、学者都提出了一些对策，可供我们家长和学校参考。

切实解决课外学习班过多的问题

要切实解决这个问题，必须提高家长的认识，改变观念。父母总认为，课外学习班使孩子能学到更多东西，不让孩子输在起跑线上。殊不知把孩子的课外时间塞得满满的，不给孩子一点喘气的时间，孩子能不疲劳吗？一定疲劳。一旦疲劳，对学习就厌倦，一厌倦就逃学，一逃学就去找刺激的东西。什么最刺激，那就是打电子游戏。孩子沉溺于打电子游戏有两种原因：一是父母对孩子疏于管理，孩子一放学就放飞了；二是没给孩子一点娱乐时间，使孩子享受不到一点快乐。例如，我有个亲戚的孩子扬扬，初中时没有上一个课外班，孩子活泼快乐，学习成绩优秀，一直是班里的状元。从高中开始，父母看别家的孩子都上这个班和那个班，老怕自己孩子输在起跑线上，就给孩子报了数学补习班、英语补习班、写作班、画画班等。几乎把孩子课外时间都塞满了，有时晚上还有安排，弄得孩子常常疲劳不堪、打瞌睡……于是孩子厌倦学习，开始逃学了，就去打电子游戏，学习成绩一落千丈……父母后悔不已，捶胸顿足，恨自己不应该给孩子安排那么多课外班，但为时已晚。

父母一定要有童心，要理解孩子。当孩子还小的时候，快乐生活、健康成长是第一位的。孩子只要快乐健康，就有学习好的条件，加强适当管理，学习不会差。孩子主要是学习学校功课，上课认真听，放学后做好作业。为丰富孩子的业余生活，可以给孩子安排不超过两项的课外项目，而且以提高孩子体质为主，如打网球、乒乓球等。

形成教育合力

学校要充分利用学校和家长的开放日，利用现代教育和素质教育的观点，全面指导家庭教育。第一，指导家长"信任孩子"。孩子是新生力量，相信孩子就是相信自己。作为家长应该对自己的孩子有充分的信心。第二，指导家长赏识孩子。孩子是培养教育的对象，是家庭和社会未来的希望，家长有义务和责任使孩子全面健康成长，不能把孩子当宠物，该孩子干的事情就必须让孩子干，不能剥夺孩子的权利。赏识孩子所做的一切努力，赏识孩子所取得的点滴进步，甚至要学会赏识孩子的失败，让孩子感到家长永远是他们的后盾。当我们看到孩子的进步和提高时，家长和老师就有成就感。学校和家长密切配合，以实践为重点，及时反馈，树立榜样，找出差距或问题，再教育，再实践，从根本上克服教育孩子单靠学校或单靠家庭的被动局面，特别是父母把孩子教育都推给学校或学校推给家长的那种不负责任的局面。

开展家庭活动

生动、活泼的活动是孩子最感兴趣的。家长完全可以以节日为契机，开展丰富多彩的家庭活动。如在三八妇女节开展"妈妈好"活动；五一劳动节开展"劳动光荣""爸妈上班辛苦啦"活动，让孩子知道"感恩"；九九重阳节开展"敬老人、向老人祝福"活动，学校还可以组织孩子到"敬老院"，慰问老人献爱心活动；在"中秋节"期间开展"我爱我家"系列活动，等等，通过这些活动，家长以"情感"为桥梁、以"亲情"为纽带，适时地对孩子进行教育，一定会收到意想不到的效果。

建立和睦家庭

父母是建立和睦家庭的组织者、设计者、参加者和受益者，是建立和睦家庭的核心。父母应该非常精心地营造一个令孩子身心健康、全面成长的家庭人文环境，让孩子沐浴在一派和谐、文明、健康、宽松、温馨的家庭氛围中，培养孩子活泼、开朗、勇敢、进取、自信、自强的性格，树立良好的公民意识与社会责任感，树立平等、友爱、宽容、创新、共生的现代意识。让孩子懂得：要想成材、做一番事业，首先要**"成人和学会做人"**。

社会建立家庭教育"辅导班或学校"

家庭教育是教育学、心理学与教育艺术学等综合性科学。现在家庭教育中存在这样或那样的问题，都是教育者自身素质不高，又缺乏家庭教育的知识、教育的方法及技巧所致。遇到孩子身上表现的言行弄不清楚是"是"、是"非"；即使自己弄清楚了言行不对，怎么对孩子讲又不知道从哪里开口，有时家长很着急，但就是没办法。如果社区建立一些家庭教育辅导班，请一些家庭教育方面的专家，学校一些管理和教育儿童有经验、有水平的优秀教师和家庭教育很有成效的优秀家长，到辅导班进行讲课、介绍经验，家长有哪些问题、疑问，大家进行讨论、集思广益，来提高家长们的家教水平，掌握最基本的家教技巧和方法；同时在辅导班里，还可以对那些对孩子动辄打骂、罚站、吹胡子瞪眼使孩子身心受到伤害的家长进行素质教育，提高这些家长的素质……总之，全社会要采取多方面措施，来提高家庭教育的质量，创造良好的环境，使孩子身心得以全面的健康成长。

树立对孩子正确的爱

为什么孩子在学校是个"乖乖娃"，而在家就成为"小霸王"？这是父母对自己唯一的孩子或最小的孩子，没有施以正确的爱，而是施以"宠爱"的结果。所谓正确的爱，就是我们对孩子施以大爱，包括对孩子的亲情、对孩子的责任、对孩子的健康成长，甚至还包括对孩子一生的希望等。所谓"宠爱"就是对孩子娇纵偏爱，孩子被惯坏或被宠坏就是娇纵偏爱的结果。一句话，对孩子宠爱，实际上就是放弃或者忘记父母的责任。

孩子在学校都是平等的，老师一视同仁，不会特意去偏爱哪个同学和歧视哪个同学，而且每个孩子也没有想被宠的心理，所以他（她）是个"乖乖娃"。可是孩子一回到家，气氛马上就变了，父母祖辈都到孩子跟前问"饿了没有""凉了没有""热了没有"等；孩子有一点不高兴，就说谁欺负你啦！当孩子说老师或同学批评了他（她），父母或祖父母当着孩子的面，就说老师或同学这不对那不对，孩子就更撒娇或痛哭，说得如何受委屈，父母又进一步百般抚爱……在这样的环境和气氛下，孩子能不被宠坏吗？正确的做法是，如果父母在家，祖父母或外公外婆要远离孩子，由父母来关照孩子。如果孩子不高兴，父亲或母亲一人问孩子怎么回事。父母要以第三者身份（既不站在孩子一边，也不站在老师或同学一边）听孩子讲和分析正确的对待方法。这样做既可以平复孩子的情绪，又可以启发孩子怎样正确处理这件事。

前面提到的×某某，这孩子为什么会走上犯罪的道路锒铛入狱？就是父母没有对其进行正确的爱、正确教育、一味宠的结果。×某某走到这一步固然有他自己的责任，但我们剖析他的犯罪过程发现，父母要负主要责任。因为孩子品质变坏，有一个过程，其间父母不可能没有察觉到、没有发现。如果早一点采取措施，孩子就不会有今天的下场。×某某是未成年人，正是学龄时期，他不上学整天在社会上混，父母能不知道？他又不外出打工挣钱，可是他整天和一帮小兄弟鬼混，要花很多钱，父母都不问这些钱从哪里来？如果他要多少父母就给多少，父母不是在把孩子推向犯罪的道路上吗？×某某的行为不端，早已经在社会上传得沸沸扬扬，难道父母就充耳不闻？

我们希望父母要从×某某事件中吸取深刻教训，让自己的孩子健康成长、成人、成材。父母应该清楚地认识到，在孩子小的时候，家庭教育的主要任务是：使孩子德智体健康成长，"成人"是第一位的。

在这里我们呼吁和希望父母能够经常反思自己，对孩子教育中存在的问题进行分析，哪些是成功的，坚持下去，哪些是失败的，及时改进。只要细心观察、认真琢磨，家长之间经常商量、切磋，通过和孩子促膝谈心，认真听取孩子意见、想法，总会找到好的有效的教育方法。

愿天下的父母们都能用亲情架起沟通的桥梁，让孩子们走向美好的明天；给足他们信心和勇气，让他们勇敢地闯天下！

第十一章　西方国家家庭教育一瞥

　　凡是经济发达的国家都是市场经济社会，要求社会成员必须具备自立、自理能力和自强精神，让他们在市场经济大潮中去游弋。在家庭教育中，从小就注意培养孩子这方面的素质。

　　欧美发达国家的父母在教育孩子方面，主要是先了解孩子丰富的内心世界。要了解孩子，只能用心去换心，用信任去赢得信任。要保护孩子的自尊心、培养孩子的自信心。通过细心地观察、倾心地交谈、细心地照顾、耐心地帮助，了解孩子成长的烦恼、心灵的需求。要多跟孩子说说悄悄话，做孩子的心理医生，坚信孩子向上、好学的愿望。

　　天才之所以是天才，并不是由于他们生来就具有天才的天赋，而是他们在幼年时期的创造兴趣和热情的幼芽没有被抹杀和踩掉，并得到了保护和顺利成长的结果。各国家庭教育各有千秋，我们可以汲取其精华。

美国："比较重视孩子做家务"

　　他们会给孩子"制订一个家务劳动计划"，贴出每周要干的家务劳动内容。将某一特定任务指定孩子去干，如给花浇水、倒垃圾、摆好碗筷等，大一点的孩子要负责割草，并确定完成任务的期限。孩子多的家庭，都安排他们轮流干某些活儿，使每个孩子都有机会去做些容易干的事；父母检查孩子的完成情况，做得很出色的要给予奖励，也有的给少量的报酬，使孩子既建立劳动观念，又培养一种技能和成就感。

在我国多数家庭中，虽然只有一个孩子，父母也应让子女干一些力所能及的活儿，不是父母偷懒，重要的是要培养下一代"劳动创造财富"的思想。现在我国城市的孩子，多数没有到过农村，不知道什么是麦子、稻子、玉米；天天吃菜都是大人做好的菜，各种蔬菜啥样、怎么种出来的，一无所知。他们当中有些孩子，什么也不会做，也不愿意去做，孩子的现状是"衣来伸手，饭来张口"，如果父母再不重视，孩子长大会很懒、很笨。如果孩子"油瓶倒了都不扶"，将来在职场，他们既不会做人，也不会做事；在市场经济社会，勤快是成功的重要因素，也是老板和同事最喜欢的因素。要通过让孩子做些家务活来培养孩子的勤快。

德国："让孩子与大人争辩"

德国人认为："两代人之间的争辩，对于下一代来说是走向成人之路的重要一步。"因此，他们鼓励孩子就某件事与父母争辩，自由发表自己的意见。通过争辩使孩子觉得父母讲正义、讲道理，子女会打心眼里更加爱父母、信赖父母、尊重父母。父母要孩子做的事，孩子通过争辩弄明白了，会心悦诚服地去做。你有难题，孩子参与争辩，也能启发你。现在大多数家长是把子女当作朋友来交流，父母的绝对权威相对缩小了，但是，父母要孩子去做某事时，例如关门、拿一件衣服、鞋子等小事，孩子会很高兴地去做。孩子做到了，父母要说一声"谢谢"。同时也要教孩子学会说"不用谢"。有时候孩子会说这是

"大人的事"而不愿去做，父母应设法说服他们，让他们高兴去做。

英国："给孩子失败的机会"

孩子做某件事可能会失败，但英国人的观念不是索性不让孩子去做或家长干脆包办了，而是再提供一个机会。例如，孩子洗碗将衣服弄湿了，碗盘打破了，就指导孩子再来一次，教会他避免弄湿衣服和打破碗盘的方法。但是中国的父母，从小不让孩子干这些事，只让孩子读书、读书、再读书，如此培养了一些读死书的"机器"，也让一些"大学生不知如何洗衣服"，以及"大学生将衣服寄回家让父母清洗"诸如此类的怪事发生。

加拿大："让孩子会玩"

孩子们在家里很少有家庭作业，听不到父母"关于学习喋喋不休"的说教。他们注重的是让孩子能整天轻轻松松，做游戏、玩玩具，在玩中学到书本上学不到的知识。这一点和我国的家庭教育格格不入，也就是说，这在我国大多数家庭中是万万行不通的。在我国新闻报道中曾有父母为了学习成绩竟活活棒打亲生儿子致死，以及父母逼孩子学习，孩子竟用刀杀死母亲的个别现象……尽管这是极个别的，但也告诉我们，在家教中把学习成绩看得高于一切所造成的恶果，不得不引起我们的思考。

日本："让孩子独立自主"

为了增强儿童的生活自理能力的观念，家长有意识地让儿童学会判断是非，做出选择，如去商店买玩具，家长事先定出一个金额，让孩子自己决定买什么；家里准备外出旅游，也会征求一下孩子的看法。在日本，孩子到了初中后，大部分衣服他们自己能独立地上街购买，而且会货比三家，精打细算。在我国，大多数家长会说：我们大人还弄不好价格，有时还会受骗的，更不要说孩子啦。总之，我们在培养孩子的独立自主能力方面，做得不够或者说不敢放手。父母应该给孩子提供机会，即使他受骗了也是一次学习，要知道人是在失败中成长起来的。

从以上对比中，我们不难看出我们和国外在家庭教育方面存在的差异。**一个人的成就大小或孩子学习成绩的优劣，主要依赖两方面因素：一是聪明才智和学习能力的强弱，我们称之为智力因素；二是实践中是否具备了正确的动机、浓厚的兴趣、饱满的情绪、坚强的毅力以及良好的个性，我们称之为非智力因素。对孩子的智力发展，家长都很重视，但对孩子的非智力因素，特别是兴趣与自信的培养，则很容易被忽视。**每个家庭的存在不是独立的而是具有社会性。家庭是多个亲情关系的组合，家庭教育也不是单独存在于哪一个人的身上，因而家庭教育的一致性，对孩子的健康成长具有积极的作用。

第十二章　美国人教育孩子的实例

美国人对孩子的教育非常重视。例如，在社区图书馆里，不同年龄孩子的图书量多于成年人的图书量，而且图书馆还是孩子学习与成长的地方，专门有供孩子们玩和给孩子们讲故事的地方……但他们培养和教育子女的认识和做法，中国人可能难以认同，双方有不少观念会截然不同，甚至可以说，中国人非常重视的事，美国人都不怎么在乎；而中国人非常轻视的事，美国人则特别重视。

实例一：重视对孩子许下的承诺

在美国人看来，兑现许下的承诺，是一项神圣职责。下面我们看一下百事可乐公司总裁卡尔是怎么做的。

快下班时，百事可乐公司总裁卡尔·威勒欧普接到市长邀请他参加晚宴的电话，他毫不犹豫地谢绝道："很抱歉，我已经说好今天晚上陪女儿过生日，我不愿做一个失约的父亲。"

卡尔走出办公大楼，给女儿买了生日礼物，驱车直奔市中心新开业的游乐园，去那里与妻子一起为女儿过生日。为避免打扰，卡尔夫妇都关闭手机，他们全身心地陪伴着女儿，开心地享受着女儿生日的快乐。

卡尔正兴致勃勃地看着女儿吹灭蜡烛，并开始切分生日蛋糕时，他的助手急匆匆赶来，把卡尔叫到一旁，小声汇报说，有一个本公司举足轻重的客户要求在这个晚上与他见面。

"可是我已经答应了女儿，今天整个晚上都陪在她身边。"卡尔面露难色。

"客户此前确实没有约定，他只在此地短暂停留，是临时决定要来见总裁的……"助理委婉地建议道。

怎么办？一边是已经陪伴了两个小时、正玩得开心的女儿，而另一边是等待约见的公司重要的客户。卡尔没有犹豫，他转身告诉助理："我觉得我还是留下陪女儿，你去接待一下客户，并替我转达真诚的歉意。跟他约好时间，届时我会亲自登门拜访。"

"卡尔先生，您是不是先去……"助理提醒总裁这个客户实在太重要了，丝毫不能得罪的，要不然就不会急匆匆地找来了。

"爸爸，您还是去忙工作吧，妈妈陪我一样快乐。"得知内情的女儿十分理解父亲，催促父亲去见客户。

"不，我已经说过，我不想做一个失约的父亲，今天晚上市长的宴请和客户的约见，确实很重要，但一个月前向女儿许下的承诺更重要。谁都不能改变我做的承诺。"卡尔一脸的坚定让助理打消了继续劝说的念头。

卡尔为兑现自己对女儿的承诺，竟谢绝市长晚宴的邀请和坚持不去约见本公司极其重要的客户。在中国人看来，是不可思议和不礼貌的，甚至认为这种做法很愚蠢，简直是不考虑后果，等等。这就是中美文化的差异，观念的差异。当卡尔跟市长说"很抱歉，我已经说好今天晚上陪女儿过生日，我不想做一个失约的父亲"时，市长很理解，认为是很自然的事情。我们再来看看客户的反应：第二天一上班，卡尔的第一件事就是打电话向那位客户道歉。客户非但没有生气反而由衷地赞叹道："卡尔先生，其实我要感谢您啊，是您用行动告诉我，让我真切记住了什么叫一诺千金，我明白了百事可乐兴旺发达的真正原因了。"此后，他们成了非常亲密的合作伙伴，甚至在双方遭遇困难的时候，也不曾动摇过对彼此的信任。

卡尔的女儿亲眼看到父亲对待"自己承诺"的态度和对自己的爱，十分感动，所以她才真诚地说："爸爸您还是去忙工作吧，妈妈陪我一样快乐。"卡尔的女儿能不爱爸爸吗？能不听爸爸的话吗？她长大以后能不认真对待自己的承诺吗？

实例二：充分利用图书馆

我在美国生活近二十年，又在美国具有相当规模的图书馆工作十多年，我目睹了许多美国家长、华人家长充分利用图书馆对孩子教育的一些情况。

图书馆是孩子学习和成长的好地方：父母经常带孩子（12岁以下）去图书馆帮他们选书，然后让孩子去办理借书手续。未成年孩子好奇心大，可是图书馆的许多书是不宜儿童阅读的，需要父母去选择。随着孩子年龄的增长，他们的生理和心理都相应发生变化，对读物的要求也不同，父母都要认真地为孩子选择适合的读物。在美国，随着孩子年龄的增长，父母都让孩子了解相应的生理知识，特别是孩子到了青春期，父母还要给孩子尤其女孩子及时讲解这方面的知识与护理的注意事项。另外，图书馆每星期尤其周末，有专人给小孩子们讲故事。父母带孩子去听讲，同时结合故事内容，许多孩子一块做游戏。父母和孩子都非常开心，在这些活动中孩子和父母之间感情非常融洽。总之，图书馆是孩子听故事、游戏、读书、成长的一个重要场所。借书特别方便，由读者任选，一次可以借很多本，续借可以在网上进行，还书非常方便，图书馆设有专门的窗口，投进去就行了。图书馆房间多、设备齐全，还是学习工作的好场所。

实例三： 非常重视和参加孩子们的各项比赛活动

美国父母非常重视参加孩子的学校活动和社区的活动。孩子在学校参加演出、开运动会或在社区组织足球、棒球、网球、游泳比赛等，父母、祖父母都会积极参加，而且从不中途退场一直到活动结束。我在美国期间，也曾多次参加我外孙女这样的活动。长辈们不仅是看，而且是啦啦队，动不动就站起来为孩子们某个精彩表现鼓掌、喝彩，为孩子们助阵。那些孩子不管表演好坏、比赛得第一或最末，个个欢天喜地、神气活现，好像参加了奥林匹克运动会一样。参加活动的孩子，每到比赛场地，头一件事就是看自己的父母和其他亲属在不在场。关于这一点在很多美国拍的电影里，我们也经常能看到。这是美国父母与孩子联络感情和教育孩子的重要方式之一。

美国家长对孩子的爱，更多表现在对他们情绪上的关怀、精神上的培养，处处帮助孩子感受到自己的个人价值，使孩子得到足够的尊重，深刻了解自己人生的重要，也让孩子充满成功感、荣誉感、自豪感、满足感。

在中国，家长也是非常爱孩子的，可是如此热心积极地参加孩子学校或课外活动的并不多见。为什么？因为我们没有这方面的文化和意识，认为小孩蹦蹦跳跳、哼哼呀呀儿歌有什么看头，没有认识到父母参加这些活动，在培养父母与孩子感情交融、拉近关系、鼓舞孩子顽强拼搏等方面，给孩子带来的巨大好处和深刻意义。在中国，父母对孩子的爱和关心主要表现在：老怕孩子吃不饱，吃不好；老怕穿少了冻着，穿多了热着，穿衣服不好让别人笑话；老怕孩子学习不好，忙着给孩子找家教、找补习班、找参考资料等。孩子在学校以外的所有活动都是父母包办的，从不征求孩子的意见、尊重孩子的爱好和意愿。为什么有些孩子逃学、放学不回家？为什么孩子缺乏自理、自立、自控能力？为什么孩子动手能力很差？为什么我们的孩子集体主义、团队精神差？这些很值得我们家长深思。作为家长，想使孩子学更多东西，动机愿望是好的，但是仅仅这一点是不够的，还必须考虑孩子身心全面健康成长，必须考虑孩子未来适应社会。

实例四：美国人是如何对待孩子考试的

美国人对孩子的学习的关心，很少表现出来，只有你和他们谈到孩子的学习时，他们才会说孩子学习的事，但你要是从表面看，一点也看不出他们重视孩子的学习。比如，他们可以请假开车送孩子去参加各种比赛和各种课外活动，而孩子们的各种考试，他们则管得很少。像美国某些大学录取新生要求必须考 SAT 或 ACT 等，有了这些成绩和高中四年的成绩，一起来决定是否录取你。SAT、ACT 这样重要的考试，美国家长很少开车送孩子去。孩子有车自己开车去，没车自己想办法：乘巴士或计程车去。这事要是在中国，父母不但一定请假去送，而且一定要陪孩子一直考完。如果孩子考得好，父母欢天喜地，请孩子到饭店吃一顿，高高兴兴地回家；要是孩子考得不好，在回家的路上，一定是怒气冲冲把孩子数落一路。如果你把这种情况讲给美国家长听，他们眼睛都睁得溜圆，不相信人间会有这种怪事。当然，我认为美国、中国父母对孩子考试的态度应该中和一下为宜。

在美国高校录取学生也不是全凭分数，还要看其他方面，如参加课外活动、社会活动情况，做义工时数等，例如每年中国高考成绩非常好的学生，所谓学霸，报哈佛或其他有名的学校时，总会有个别不被录取。因为美国学校和家长不提倡、不鼓励学生死读书，提倡孩子全面发展。若孩子在学校考试成绩都是 A，父母固然很高兴，当孩子被选上棒球或橄榄球队员时，父母会高兴得欣喜若狂，大赞孩子将来会成为一个优秀的棒球队员或是一个优秀的橄榄球队员……当然，在这里不得不指出，美国的小学初中、高中学习的知识确实不如中国多，课时少、内容浅、分科过早、全面知识欠缺、作业少、没有自习，小学几乎不考试等，这些情况不少专家和有识之士，已经感到美国的基础教育落后，不能满足先进科技发展的需要……

实例五：从吃饭看美国是如何教育孩子的

美国家长也关心孩子的饮食，有点常识的家长也会主动给孩子补钙，但绝不会给孩子吃燕窝之类，严禁孩子喝可口可乐等饮料，不让孩子吃糖——最近几年美国越来越注意这个问题，胖子太多了。只要孩子能拿动勺子、叉子就开始让孩子自己学吃饭，弄得满身满脸都是饭，家长也不会管。孩子一说吃饱了，就离开桌子，家长绝不会逼着再吃几口。

美国人在吃饭这件事上的态度和做法，实际体现了儿童教育学的一个核心目标：培养孩子独立思维的能力。孩子吃饭必须由孩子决定饥饱，如果他（她）没饱而不再吃了，那么一会儿饿了活该，那是他（她）自己选择的，尝到了苦头下次就多吃了。美国人常说，犯错误是一个不可缺少的学习过程，儿童教育学上的这个认识尤为重要。中国父母对孩子吃饭采取填鸭式，孩子已经说不吃了，还要撵着孩子让他（她）吃，不再吃三五口就不罢休，总之一句话，就怕孩子饿着。难道孩子连饥饱都不知道，而要由父母来决定吗？再如，中国小孩穿衣、课外活动、业余爱好、补习班等，都是由父母决定。这样的孩子长大后，很难具有个人的独立意志。

从美国人教育孩子吃饭的教育学观点体现出，吃饭不是一件简单的事，除了求生手段、或者人生享受、或者文化标志外，还有一个功能，就是儿童教育。中国孩子从小就由家长塞饭、劝吃了十几年，孩子终于长大了；当他（她）有了孩子也使用同一方法训练自己的孩子，如此代代相袭。几千年下来，就光凭吃饭教育学这一条，我们许多人没有认识到，尊重个人独立存在能力的重要性。所以，很多人都习惯性地相互依赖。一种习惯一旦形成，改起来是很难的，从现在起，我们要逐步改变这一观念。

第十三章　浅谈"美国教育孩子的十二法则"

一说起家庭教育孩子，中国父母、海外华人父母总有一席话要说——有心得要分享、有问题要请教、有辛酸要倾诉、有经验大家分享。尤其是华人在海外养育子女，不少父母是在一个陌生的文化环境中，跟随着孩子的成长，一步一步摸索家教经验。华人家长或中国家长不妨学习一下《美国教育孩子的十二法则》，可能会有点收获。这十二项可以说在美国属于不成文的规矩，没有形成法律条文。尽管未成法律条文，美国的家长已经熟悉和应用。这些法则确实体现在美国的家庭社会与校内外教育的指导理念中，无论是教育工作者还是普通家长，都在应用这些法则。

教育孩子的十二法则及其解读

教育心理学在西方发达国家已经存在很长时间了，而且发展越来越成熟，普及面越来越广。如今从教育研究专家、中小学教职员工到校外儿童组织的职工或义工，都要进修不同程度的教育心理学课程或者受过相关职业培训。他们制定和实施的宏观教育方针和具体教育方法，也都潜移默化地受到心理学的指导。我在美国生活近二十年，看到的和听到的，在某种程度上也体认到了这一点。

"十二法则"也是从儿童心理发展特点衍生出来的。对熟知少儿身心成长过程的专业教育人员来说，这些不过都是最基本的常识。在美国很多普通家庭中，父母也会通过请教学校老师辅导员或参与儿童组织志愿服务接受培训，而掌握较为专业的教育法则，运用到家庭教育中去。因此，这些法则贯穿于美国从社会、学校、家庭的少儿教育之中。当然，综观美国社会也有不合时宜的家庭，采取不符合儿童教育学法则、方式去教育孩子的。来自世界各地的移民更因为不了解美国教育孩子的法则，依然沿用他们国家那一套方法教育孩子，如果在教育内容方式上不作及时适当调整，家长越花气力可能与社会主流教育法则越来越远，大人孩子都不开心，培养出来的孩子就难以适应美国社会的需要。甚至某些家长会因为管理过度或不当，而引起虐待嫌疑而触犯法律。

如果我们仔细阅读这些法则就会发现，其实很多与我们中国人的教子之道并不矛盾，只是在具体实施时需要知道如何顺应社会环境。但也有些是中国人缺乏的，需要补课或改进，特别是体罚一定要改进。下面逐条分析一下这些法则的具体应用。

归属法则　保证孩子在健康的家庭环境中成长

这一条看起来是不言而喻的，哪个家长不想给孩子创造健康、优美的环境，使孩子有归属感？但实际上并非所有家长都能做到，有些家长有这种愿望但却不知道如何做。例如，有些家长不注意孩子健康，孩子想吃什么就买什么；不强调孩子锻炼身体和劳动，养成不健康的生活习惯；家长的怂恿或疏于管理，使孩子好逸恶劳或者过分沉湎某些嗜好（如电子游戏）……这些都不符合归属法则。

父母之间经常争吵；家长打骂体罚、污言秽语；破碎家庭、长期分离的家庭等更让孩子缺少归属感。

孩子有归属感是其健康成长的必备条件。

希望法则　保证让孩子看到希望

家长总是对孩子寄予希望的，因此家长要永远用正面鼓励的语言让孩子看到希望，使孩子感到自己有希望。家长不要对孩子高喊"你怎么这么笨""这么没出息""你真是没指望了"之类的话，如果你是孩子老听到这样的话，你会看到自己有希望吗？

我在美国待了一段时间才感觉到，美国人善于说好听的话，尤其对孩子，无论他们做得如何，都常夸奖说"干得好（good job）""太棒了（great）""你真有想象力（imaginative faculty really）"之类的话。这就是用希望法则来激励孩子。中国人和世界华人的家长则对孩子期待值颇高，但不善于用希望法则，而爱找差距挑毛病，孩子得了90分，本来是不错的成绩，应该给予鼓励，可是父母还要说孩子为什么不考100分。家长以为高标准就是对孩子的鼓励，恰恰这种高标准可能会适得其反，会扼杀孩子的很多希望和积极性。

力量法则　永远不要与孩子斗强

成年人总是比孩子有力量、有经验，不然几十年饭白吃了！因此，父母不能处处与孩子较劲、与孩子斗强，在孩子面前说这比孩子强、那比孩子强，用与孩子赌气、硬比等方式去刺激孩子，对心理还不成熟的儿童来说，"激将法"是不合适的；如果孩子与父母吵架赌气，无论谁有理，父母都要主动与孩子和解。父母还要勇于承认自己的错误，尤其对孩子，该道歉、该认错要及时。如果家长知道错了但不敢承认、没有勇气去改正，觉得在孩子面前认错会丢脸，也会让孩子向大人学，学会固执己见。

管理法则　对未成年孩子的管理是父母的责任

"子不教，父之过"在哪里都通行。未成年孩子的自控能力不成熟，因此父母必须担负起管束的责任来。但这种管束必须充满亲情、个性化、科学而理性，千万不要把孩子当作私有财产来任意摆布。要顾及和尊重孩子的想法和人格，严禁采取简单粗暴的命令式的管束。

父母应该十分清楚，未成年孩子把家长视为靠山，合理的管教关怀，会让孩子们有安全感和父母的支持感，孩子遇到问题困难会求助于家长。如果家长平时对孩子的学习、爱好及其他表现，都漠不关心、听之任之，会让孩子觉得父母对自己"不在乎、很漠视"，而对父母渐渐疏远，甚至对父母的亲情也会慢慢淡薄。充满亲情的管理既是父母的责任，又能密切父母与孩子之间的关系。

声音法则　父母要倾听孩子的声音

平等地对待孩子，给他们发言权，倾听他们的声音，他们才会说出真实思想。如果父母不尊重孩子的想法，忽视他们的心声，久而久之，孩子就不与家长交流，也不对家长说真话、说实话；如果父母不耐心倾听孩子的心声，或不给孩子表达自己的意见与想法的机会，孩子也会这样，不听大人的话。长此下去，孩子就不懂得如何尊重他人。对儿童来说哪怕讲话词不达意，大人也要耐心与他们交谈。任何粗暴打断、嘲笑孩子讲话的行为，都会对孩子产生伤害，可能会影响他们的表达能力，使他们不敢在人前开口讲话；或许反之，造成孩子不合时宜地插话以引起别人注意的坏习惯。父母倾听孩子的心声，或和孩子们交谈，都要充满亲情和爱，这样才没有距离感和拘束感，父母和孩子才能成为真正的朋友。

榜样法则　父母言传身教为孩子做出榜样

"以身作则，言传身教"，在人世间是放之四海而皆准的。孩子天天在父母身边，他们把"衣食父母"视为老师、当作榜样，甚至把父母视为最完美的人，视为自己的偶像，他们处处模仿父母的说话、行为与表情。孩子的教养、兴趣、爱好等，在很大程度上都来自生长环境的耳濡目染，家长注意自己的言行极为重要。对儿童的影响不只来自父母，还有兄姐、亲友、师长、社会等因素。母亲对女孩、父亲对男孩的影响颇为重要，双亲不全或亲子分离过久对孩子成长显然不利。所有的法则都可以用言传身教灌输给后代。

除了家庭里的榜样外，父母还要注意所交往的社会关系和常去的场合对孩子的影响，因此家长交友要检点。对少年来说，同伴的影响超过父母的影响，结交什么样的朋友往往会决定一个人的人生道路。此外，家长还要关注孩子喜欢看的书和影视片，了解他们心目中的偶像是什么样的。如果发现孩子误交损友，不要武断地阻止他们来往，而是要先了解情况。孩子是需要友谊的，害怕孤独，有些孩子是因为搬家转学到新环境没有朋友，或者华人的孩子受别的族裔歧视，而与一些"边缘孩童"为伍。家长还要感谢这些"边缘朋友"帮助自家孩子排解孤独，但一定要让孩子认清这些"边缘朋友"的优缺点。告诉孩子，让他们决定这朋友要不要交下去；或者让孩子用正面的言行去影响他们。同时父母要积极为孩子寻找和拓展新的健康朋友圈，家长要积极结识孩子的老师和同学家长，并设法鼓励自己的孩子参与健康的校内外的活动。

求同存异法则　尊重孩子对事物的看法，并尽量理解他们

孩子对世界、周围事物的看法和大人往往不同，是很自然的事情，

他们常常会有很多奇特的幻想，这正是他们的可爱之处，不要认为孩子想法奇特而泼冷水，这会扼杀他们的想象力和好奇心，尤其会因得不到理解而让他们感到失望。

事实上很多时候，纯真的孩子才有客观的看法，敢说出实话和真理。所谓"童言无忌"就是这个意思。要结合"声音法则"鼓励孩子们敢于表达想法，要肯定他们好的想法。当然，如果一些看法、说法脱离实际或者会引起麻烦，也要耐心解释。思想和思维方式不成熟的孩子，往往无法进行多方位思维，而只会延续自己的思路，因此对事物考虑不周全。家长要尽可能理解少儿思维的特点，可以采用把复杂事物分解简化的方法，分期一点一点向他们解释或征求他们的意见。凡是与孩子有关的事情，例如搬家、转学、选课外活动、参加比赛等，一定要先与孩子商量解释，哪怕不能完全遵循孩子的意见，也要让他们觉得家长征求了他们的看法。不然的话，家长的好心可能没有好结果。

惩罚法则　它容易使孩子产生逆反和报复心理，一定要慎用

单纯的惩罚，尤其体罚，是非常负面、非常拙劣的教育方式，也是不文明的。从小被暴力处罚的孩子，有很多长大之后也会有暴力倾向；无论是从短期还是长期来看，该法则都是有害无益的。短期内，被体罚的学生往往会表现出更多的反抗性；从长期看，在学校、家里被体罚的学生更有可能出现心理健康问题，比如抑郁症、人格障碍和创伤后应激障碍。因此，不提倡使用惩罚法则。但目前美国仍有15个州允许体罚，英国相当多的学校还允许体罚，我国也有不少家长对孩子施行体罚。孩子犯了错误，应提倡批评和采用适当的方式处罚。但前提是必须让孩子认识到做错了事，甘愿接受处罚，以便下不为例。惩罚方式也要合理，可以采取让他们做不喜欢的事情，比如可以罚其

几天不可以看电视、要买的玩具不买等，但绝不能不让孩子吃饭、睡觉或罚站几小时，打骂更是不好的。

另外，因为孩子都知道惩罚是负面的，所以千万不要把一些本应该做的正面的事情当作处罚。比如罚孩子去洗碗扫地等劳动事项，会让他们认为劳动是坏事，从而对劳动产生厌恶情绪。有一个华人家长嫌孩子不肯睡觉，就罚他去写五十个中文字或做十道算术题，孩子被迫做功课，当然就要打瞌睡，然后就罚他去睡觉。这样做看起来暂时达到了让孩子睡觉的目的，但却会让孩子把做功课、睡觉都当作处罚方式，以后一做这些事，孩子就会有被处罚的感觉，造成孩子心理上的阴影，那将来孩子还能喜欢学中文和做算术题吗？更严重的是，会造成孩子睡眠失调。

后果法则　让孩子了解其行为可能产生的后果

有时候，孩子惹了什么麻烦或想做什么标新立异的事情，连成年人都没有搞清楚其后果和危害，就对孩子横加指责或阻止，这当然无法服人。若要教育使孩子心服口服，家长、老师等成年人首先要周密思考每一件事情的前因后果，然后与孩子好好交谈，可以从后果的好坏开始，反过来解说该不该这样做，晓之以理，动之以情，孩子会明白的。

其实后果也不都是负面的。成年人的阅历当然比孩子丰富，应该更有预见性。比如在指导孩子选择兴趣专长或申报课外班时，家长可以对前景、效果做些分析，根据孩子特长鼓励其往哪方面发展。然而，如果没经过自己头脑分析思考，仅仅随大溜、赶时髦，人云亦云，不是有效的后果分析，往往会耽误孩子。

结构法则　教育孩子从懂事起就要了解道德和法律的界限

法律是社会结构稳定的保证，也是个人的安全屏障。要实行这条"结构法则"，家长首先要学习有关法律法规，先教育自己，使自己不是法盲。在中国、美国等法治社会，教育孩子做到这一点并不太难，法制教育融合在社会生活和教育之中，孩子从小就受到这方面熏陶，心中就会有一道道德底线和法制底线，反过来孩子还往往影响家长。或许有人以为美国很开放，实际上，美国人对待道德感情、家庭责任、性爱行为等大都不会超越底线，也少有人因为帮助亲友而腐败违法的。因为他们心中有原则，知道越界就是犯罪，不能为了迁就亲人而触犯法律。例如给朋友、领导送礼品不能超过多少钱，他们都很清楚。中国这几年反贪、抓不正之风，使许多人慢慢也知道了法律底线，社会风气有很大好转。孩子从懂事起，就要经常给其讲些有关法律方面的故事，普及法律知识。

二十码法则　尊重孩子的独立性，与其保持二十码距离

这个"二十码"是个象征，说明美国人注重从小培养孩子的独立性，给孩子留出心理空间，家长不必处处围着孩子转。老围着孩子，你认为是关心他们，孩子则认为是监视他、控制他。父母要允许孩子保有自己的隐私，有自己的主动权和决定权。当然家长还是要在二十码之外注视着并随时准备切入，而不能跑到二百码之外撒手不管。

家长对孩子的管理管教要注重大的方面，尤其要根据孩子的年龄进行有效管理管教。年幼的孩子生活学业上或许需要比较具体细致的指导，但也要适当给他们机会锻炼他们独立。进入青春期的孩子则最烦家长事无巨细地询问唠叨。这个年龄的孩子不爱搭理人，但并不代表他们没听见家长的话。因此，家长不要没完没了地重复直到他们有

反应为止，这会让孩子反感。可以事先告诉孩子无论好事坏事只说一遍，如果你不听耽误了是你自己的责任。要想当一个不被孩子烦的家长，不如豁出去让他们耽误一两次而换取教训。

四 W 法则　父母任何时候都要知道孩子跟谁（Who）在一起、在什么地方（Where）、在干什么（What）和什么时候（When）回家

有些家长看起来对孩子操心管理管制很多，可到时候却不知道孩子的这些 W，这可算不上好家长。只有上面所有各条法则都做得差不多了，孩子才肯对家长说真话，家长也才能了解到这些 W。有些家长舍得花大钱送孩子去昂贵的私立寄宿学校，除了学业考虑，还觉得管理严格的私立学校能给孩子较好的成长环境。但家长也应该自问一下动机，把孩子完全托出去，是否图省事而把家长应负的责任推给学校呢？有了可靠的学校来管理管教孩子，是否家长就不用操心这些 W 了？其实教育培养孩子的过程，也是家长学习的过程，过早让孩子离家，家长会失去这样一段虽然辛苦却非常有意思的人生体验。即便孩子去了寄宿学校，有老师管理管教，家长仍然不可忘记自己的责任，依然要随时了解这些 W。

在电子网络时代成长起来的孩子们，已经离不开网络交往，家长同样要关注网络世界的这些 W。孩子不是不可以结交网友，但不能瞒着家长，尤其不能背着家长与网友会面。家长则不要武断地禁止孩子以不同方式结交朋友，而要试图了解这些朋友。而且家长自己也要做出榜样，因公因私外出时都要及时通报家里人这些 W，这样做也会让孩子感到告诉家人这些 W 是义不容辞的。

第十四章　英国家庭教育的主要内容

英国，作为一个历史悠久的文化大国，不仅拥有历史的荣耀、人文的深厚，更对教育十分重视。大概正因如此，英国才能在近代最先拥有了世界上最优秀的大学和作为精英人才教育之摇篮的公学。**历史上的英国为世界培养了一大批科学家、教育家和思想家。而英国的家庭教育，受传统教育体系的影响十分深远，能够作为一个缩影，反映出英国教育的整体面貌。**

英国家庭教育独具特色。"他山之石可以攻玉"，英国的家庭教育可为我们提供某些借鉴和参考价值。一个传统的英国家庭，父母对孩子的要求是十分全面的，在其成长的道路上，既要有理性的思维和高尚的德行，又要有很高的学识，还要有礼貌和教养。直到如今，它在伦理道德方面比美国更保守、更高尚一些。英国整体社会风气，事实上要比美国好。

对孩子不宠爱

在英国家庭中，对孩子不允许宠爱与娇纵，父母把纠正孩子所犯错误的行为作为自己的职责，更有甚者，英国不反对父母惩罚孩子。英国父母往往会选择在尊重孩子的独立人格的前提下，对孩子进行较为严厉的行为管束。让孩子在很小的时候就要明白，他们是要为自己的错误行为负责。每个人都不可为所欲为，哪怕是孩子，幼稚弱小并不能算作任意妄为的借口。与美国等国家不同，英国的法律明确规定，父母体罚孩子是合法的行为。哈利·波特系列小说和由此改编的系列电影中，动不动就出现的关禁闭并不是小说的虚构，在英国，至今仍有许多古老的学校还保留着体罚学生的规章制度。对这一点我们并不提倡，但严格管理是必要的。

英国人普遍认为，对孩子的溺爱和娇宠是孩子独立性格形成的最大障碍。要使孩子在日后能适应社会的需要，独立地去生活、工作，必须从小就培养他们独立生活的能力，让他们学会尊重他人和自我克制，知道对自己的行为负责。如果孩子日后不能像其他人一样适应社会，父母就没有尽到教育的责任。

重视个人的社会健康教育

英国幼儿园、小学里的道德教育不叫道德教育，而称为**"个人的社会健康教育"**，或称**"社会化过程"**。目的是让他们懂得平常做人的基本道理，如何律己和融入社会，成为社会的一分子。英国人认为道德观念的核心含有四个方面的内容：**尊重生命、公平、诚实、守信。**

英国人还有个观念，认为"道德是被感染的，而不是被教导的"。它体现在英国中小学的道德教育里，那就是不要求孩子们去死记硬背道德准则，但是要求孩子们从内心深处、从日常生活中懂得和理解伦理道德。**既然"道德是被感染的"，这就要求父母和全社会成员都要树立高尚的道德水准，以此来感染下一代。**

英国的社会道德教育，有一点令人印象至深，那就是孩子从小就被教育，要学会照顾自己，同时注意不要妨碍别人。这其实就是公德与私德的分水岭，也有人称为"对陌生人的道德要求"。在一个集体或一个团队里，社会道德或公德是保持人与人之间和谐相处的润滑剂和免疫力。

过去大家总认为小孩是一张白纸，大脑是空白状态，包括英国人在内。但现在科学研究已经证明：孩子来到这个世上，先天就已经部分地继承了父母的脾气、性格、天资等心理与基因。事实是孩子有他的想法，你必须理解他、尊重他，这样教育孩子才有效果。孩子为什么会产生逆反心理，就是父母的教育方法、教育内容或教育的态度等，使他无法接受或承受。

重视孩子的诚实教育

英国非常重视对孩子的诚实教育。英国学校一般不设专门的道德教育课，而开设包括佛教和道教在内的各种世界主要宗教信仰课，供孩子们选修。这门课被认为是对孩子品德和良知培养十分重要的一门课。

诚实不是孤立的品德，也不是空洞的说教。在英国，多数学校每周都组织班级讨论，选取一些学校里或者社会上发生的事情，让孩子发表看法，共同讨论，自己去领悟和判断对错与是非。集体游戏也是一种重要的方式，让孩子懂得顾及与体谅别人，懂得如何与同伴合作。英国学校还组织学生到敬老院陪老人聊天、为慈善组织募捐及参加其他公益或环保活动，来培养孩子的爱心和社会交往能力。在英国教育工作者看来，诚实不是一种孤立的品德，而是与自重和尊重别人、与对生命和大自然的爱紧密地联系在一起的。我想在我们学校如果每周用一小时或两小时，来讨论社会上和学校发生的事情，对提高学生道德修养和规范其行为会非常有益。

不淡泊输赢，但更要享受过程

英国学校老师并不教学生学中国老子、庄子的超脱，淡泊输赢结果，相反，英国学校里，"输赢"二字总被挂在嘴上，因为各种比赛名目繁多，充满学生的学校生活，正因如此，每个学生都有机会领略到老师所要传达的信息：你会赢，但不会每次都是你赢，每个人都有赢的时候，也有输的时候，要紧的是享受参与的过程，去做自己想做的事。不少移民英国的中国移民感触最深的是，英国人对人生的选择往往是去做自己喜欢做的事情，即使这事儿既不合潮流也不时髦。

培养孩子的自信心与勇气

自信心对一个人来说是至关重要的。一个人的自信心的强弱，是他获得事业成功的重要因素。我们常常会在欧美的文学影视作品中读到这样一句话："孩子，你能行！"这是在鼓励孩子充满自信地去应对挫折，尤其在处境艰难的时候自信心显得尤为重要。英国家庭教育的重点之一，即保护并培养孩子的自信心。英国人不娇纵孩子，不主动替孩子做事，其目的之一就是培养孩子的自信心，从而增强他们做事的能力。在日常生活中，父母总是要让孩子明白，你无须做一个完美无缺的人，每个人都有不足，这一次没有做好还有更多的机会，只要肯下功夫去努力尝试，你就会感到其乐无穷。英国人就是这样塑造孩子的自我意识的。

勇气，是一个人主动进取的动力。英国幼儿园培养与树立了这样的价值观：勇敢和坚韧是受人尊重的，懦弱和胆怯是被人瞧不起的。英国人锻炼孩子勇气的办法是鼓励孩子参加探险活动。让孩子在面对危险的环境时激发出自己的勇气，同时也能够培养团队精神。英国人认为每个人最重要的品质是勇气。英国人给世界的印象就和法国作家儒勒·凡尔纳的小说《八十天环游地球》中的主人公菲利亚·福格一样，不怕困难、不怕险境，勇敢地向前闯，不达目的决不罢休。很多人读过《八十天环游地球》后，都极佩服他的勇敢、勇气和智慧。福格在环游地球的路途中，常常遇到奇特的事、意想不到的险境，好像他就要失败了、他和别人打赌就要输了，可是福格靠他的坚强意志、信心和运气，一次次都化险为夷，终于在规定的时间、地点赢了……**勇气是人成功的关键。**

培养孩子 "最看重友好"

在英国人眼里，看一个人最重要的是他是不是友好，和他的职业、性别、收入、教育、私生活都无关。英国人教育孩子从小要善待一切生命，包括动物、植物等。父母或学校经常领孩子们到农场去看大自然，去公园，或自家花园。即使像蚂蚁这样的小昆虫，父母也告诫孩子们不能玩弄它们，不让它们死得太痛苦。父母这样做，孩子也许不明白其意义，不过至少这样的教育使孩子懂得爱，以此来培养孩子对同伴的爱和友好。人们只有友好，才会有善心，才会助人为乐。

培养和鼓励孩子自己用餐

不论中国孩子还是英国孩子一日三餐总是少不了的。也许你会说，不就是吃饭吗，又有什么好说的。可别小看餐桌，那上面学问可大呢。英国父母鼓励孩子自己进餐，从一周岁半开始就让孩子独立进餐。绝大多数英国家长认为，孩子自己进餐，可以培养一种对"人格独立"

的向往。英国家长素有把餐桌当成课堂的传统，从孩子上餐桌起家长就开始对其进行有形无形的"进餐教育"了，以帮助孩子养成良好的用餐习惯，形成适应社会的性格；当孩子四岁时，家长就开始培养孩子的用餐礼仪了：如何用叉子勺子、坐的姿势、吃饭形象、不发出声音、不挑食不偏食等。在餐桌上，家长还十分注意孩子的参与度。四五岁的孩子，餐前把桌子擦干净、摆好凳子餐具，餐后收拾餐具、把桌子擦干净，以此让孩子因为自己的参与获得家庭的认同感。英国家长把孩子挑食偏食问题看得比较重。如幼儿一个劲地只吃某种菜，而对其他菜不屑一顾时，家长往往会把孩子爱吃的那个菜收起来。他们认为餐桌上对孩子的迁就，不仅会影响孩子摄入全面、充分的营养，而且会使孩子养成任性、自私、难以自控等人见人厌的性格。

第十五章　德国、瑞士家庭教育点滴

本章我们介绍德国和瑞士家庭教育的点滴经验，以借鉴或充实我们的家庭教育。

德国家庭教育的精髓

现代德国家庭教育的精髓，是为子女创造良好的家庭环境和家庭氛围，给子女提供良好的发展场所。家长主要的职责是为孩子的成长提供必要的条件和指导。亲子之间的关系是民主与平等的关系，父母很少强迫子女服从自己的意志，也不要求子女按照他们的生活模式生活。

90%的德国人非常感激父母在人格、修养方面对自己潜移默化的影响，孩子欣赏父母的共同特征可概括为：勤奋、认真、按计划办事、乐观开朗的品质。

从幼儿开始，父母在家庭中格外注意孩子成长关键期的指导。

重视孩子的学习成绩，但并非最重要

德国家长秉承孩子是一颗丰满的种子，而不是灌输知识的容器，因此他们对这颗饱满的种子施加呵护，使其发育和成长都处于最佳状态。家长也关心孩子的学习成绩，但相对于其他社会能力，学习成绩并不排在第一位。他们关爱孩子真正健康成长，使孩子从小就感受到家庭温暖并处于被爱之中。当孩子想尝试一样东西时，父母会鼓励他们去做，并设法给他们创造某些条件，促使实现他们的愿望。

不过当孩子出现某种不良行为时，他们会认真地和孩子探讨原因，积极从孩子的观点考虑问题，而不是用施压的方式对待孩子，更不会去打击孩子。这一点很值得中国父母学习。

尊重孩子的选择

德国家长很重视孩子的选择，这种选择权并不是等孩子长大才有，而是从幼儿阶段就开始具备。德国子女具有选择个人生活道路和兴趣爱好的权利，父母从不干涉子女的选择。这与我国父母有很大的不同。德国父母不干涉子女选择权的一个重要原因是，他们非常尊重孩子的选择，他们更注重培养孩子的兴趣、个性和创造力。他们除了对孩子进行必要的监护之外，更加注重培养孩子的自主性。因此，幼儿阶段的孩子有很大一部分时间是在自主玩乐中度过的，德国父母并不强制孩子学习数学、单词或钢琴等。德国的家庭教育认为，孩子在幼年上托儿所主要是玩，不提倡过早给孩子造成学习压力。

孩子社会能力的培养，是幼儿性格教育最关键的一环，不仅可以帮助孩子完善性格，同时预示着孩子未来的人际交往和社会行为的顺畅度、受欢迎度等。德国家长对孩子社会能力的培养十分重视。他们认为，3—6岁是最适合实施社会化教育的阶段。因此，德国家长鼓励和支持幼儿，积极投入同伴群体中去，在幼儿之间互相学习；同时也要多带孩子去参加集体游戏，到游乐场等地方，增加幼儿与外界接触的机会；不过一旦幼儿交往中出现冲突，德国家长不会过多干预，这可以培养他们自己解决问题的能力。

除了以上行为，德国家长还用其他方法培养其具有能适应社会需要、社会变化和处理各种复杂问题的能力，这对儿童日后的成长十分重要。如在幼儿阶段，德国父母便给孩子们一个银行账户（在德国5马克即可开一个账户）。主要是让孩子从小就学习管理自己的钱财，以便懂事后或工作后有能力、有计划地支配自己的零花钱和收入。在我国，孩子到高中了还没有在银行设账号，孩子的一切都由父母去办，怕孩子这办不好，那办不好，不敢放手。

在德国有两个关键词

在德国有两个关键词，几乎家喻户晓，它们是：

关键词一：**独立性**——当孩子长到一定年龄的时候，父母就认为孩子应该走向社会，而不希望他们过分依赖自己。

关键词二：**选择性**——选择什么职业等都属于子女的个人事务，上什么学校、学什么专业，父母无权干涉。

我也看过一些资料，也听到过一些去过德国的人说，在德国的公园里或公交车上，会经常看到有人在学习。在德国学习的风气特别浓厚。再一个就是德国人工作态度特别严肃认真、一丝不苟。图纸规定的、技术条件要求的，从来都是认真遵守、认真做到，谁都无权修改。我们都知道德国的汽车和其他产品的质量是最好的，"奔驰"汽车在汽车界一直排行老大，为什么？德国家庭教育告诉了我们答案：**从幼儿就开始培养这种潜质**。

瑞士人 "带" 孩子的故事

瑞士是欧洲内陆国家，国家不大，但世界知名度极高，一是瑞士是中立国家，在两次世界大战中它一直保持中立，没有遭受过任何战争的破坏，人民一直过着和平安宁的生活，科技开发和生产力一直未受任何战争的影响，令饱受战争之苦的国家和人民非常羡慕；二是瑞士是世界精密机械王国，尤其几个世纪以来，瑞士手表的精密度、准确度驰名于世，其他国家无出其右。究其原因可能有许多值得我们去探讨，但他们的家教也可能是其中的一个原因。

培养孩子的独立性

瑞士的家庭教育方式与我们完全不同，让我们看看他们是怎样带孩子的。归结到一点就是孩子在幼儿时就设法让其独立。在幼儿园里孩子们吃饭，阿姨则只把饭盘放在孩子面前就离开了。大点的孩子们用勺子叉子吃饭，不会用勺子、叉子的幼儿就用手抓饭吃（西餐大部分都不热）。规定吃饭时间一结束，不管吃完吃不完、不管吃饱吃不饱，饭菜就会收走。瑞士人从来不喂孩子吃饭，孩子若是没吃饱饿了，下次他自己自然就会多吃、快吃的。

孩子在幼儿园做手工。孩子不会做的事，阿姨只是在必要时给予话语上的鼓励和暗示，有时也做一下示范动作。幼儿老师既不强迫孩子去做，也不包揽替孩子去做。否则可能会抑制孩子的"独立性行为"。他们认为个性受到压抑的人只会跟别人学，而不会有创造——**没有独立性的人怎么会有创造性呢?**

让孩子适应环境

我去过瑞士日内瓦和洛桑。在瑞士商店门前的广场上总能看到不少年轻的妈妈将车停稳下来后，便从车里抱出婴儿，然后一只胳膊挎着他（她），孩子的脸朝外，小胳膊小腿伸着。我们是四月去瑞士的，当时冷风飕飕的，他们对孩子不遮也不盖。我想在中国，这样的天气抱孩子，大人总是两只手上下把孩子搂在怀里，把孩子裹得严严实实。瑞士人从不这样做，他们认为刚生下来的孩子就是一粒种子，需要一定的生长环境，大人不可过于控制孩子，要给孩子留下自由活动的空间。比如母亲一只手抱孩子，孩子的小手小腿就可以自由活动，眼睛可以观察更多的外界事物，全身可以全部与阳光、空气接触，有利于孩子适应自然环境。

重视孩子的未来

尽管瑞士是世界上人均收入最高的国家之一，但瑞士不少孩子在16岁以后，就离开父母开始独立生活。他们打工有的是为了看看这个花花绿绿的世界；有的是为了做职业兴趣分析（瑞士的孩子上高中以前，很多学校都要为学生进行"职业兴趣分析"，以帮助他们选择将来的人生道路）；还有的同学是为了挣钱交学费，或打工的钱全捐给慈善机构。总之，瑞士人强调孩子有劳动能力时，就要劳动，能自力更生的就要自力更生。这样做不仅仅是挣钱，而是在社会大熔炉里早一点得到锻炼，适应千变万化的社会。

在瑞士的家庭教育中和各级学校中，都很重视劳动、工作和自己养活自己的教育，不管父母多么有钱，认为和自己没有关系，我要去挣属于我的钱。

......

　　世界各国都有自己的家庭教育内容、方法，大家应该互相取长补短，为孩子们创造最好、最有利的成长环境和条件，使他们在成长过程中培养成最适应社会化的性格和品质，使其将来成为社会最优秀的一员。现在是新时代、世界命运共同体、全球化经济、人员全球流动，我们要培养适应全球化的人才，就要汲取各国家庭教育中的精华部分。我们应该看到，改革开放几十年的今天，我国经济发展取得惊人的成就。国家富了，老百姓富了，社会整体物质条件与文化素质都提高了；幼儿园、学校、社会、家庭等环境变得越来越美。例如，居民房子大了，社会、学校图书馆多了，书也多了，公园和博物馆多了，体育设施也随之增加和完备了。孩子们可以经常到这些地方玩耍和参观学习，提高孩子的视野，增加孩子的知识，使孩子更有条件健康全面地成长……

家庭教育

孩子成材篇

家庭教育的终极目标或最高目标，就是把自己的孩子培养成人和成材。所谓成人，前面已述。所谓成材就是使孩子成为对国家对社会有用的人或德才兼备的人。树要长得直、成材，就得勤修剪，孩子要成材，就得勤教育。父母对孩子成材不要定得太高，一定要成这个家那个家（这固然好），牢记让孩子成为一个有用的人就是"材"。严格来说，孩子成材，主要有三个条件：家庭教育、孩子自己和学校。如前所述，家庭教育要为孩子成材打下坚实基础，例如孩子在幼年主要是身体健康、培养孩子有一个包括学习在内的好的习惯等。孩子大了，家庭教育主要是培养孩子成材应该具备的条件，如刻苦学习，有一个开朗、包容的性格，诚实做人、认真做事和良好的道德品质等。孩子自身是自己成材的主体，用一句话来概括，就是孩子要具有成材的条件和气质，即有过硬的思想素质和真本事。学校对大孩子主要是教授他们成材必须具备的知识，当然也兼顾人品和心理学方面的教育。

第一章　教育孩子文明礼貌

文明礼貌是源远流长的中华文化的一部分，讲文明、懂礼貌是孩子的必修课。在家里、在社会中，文明无处不在，礼貌无处不有。学文明方知文明，懂礼貌则行礼貌，孩子从小就要养成文明礼貌的习惯。

讲文明、懂礼貌是孩子成材的必修课

孩子是国家的希望和未来，他们要做社会的主人，今天我们所干的一切明天都要交给他们；父母老了后的福祉要靠现在的孩子去保证。家庭教育的主角——父母责无旁贷要把孩子培养成高素质的人才，而文明礼貌是不可或缺的部分。我们可以想象在一个文明很差的家庭环境下生活的孩子会有什么样的素质，这样的孩子能挑重担吗？

一个国家、一个单位要有好形象，一个人也是如此。一个形象好的人，就受人欢迎、受人尊敬。一个人好的形象，其标志就是穿着整齐整洁，待人接物彬彬有礼。父母在家教中要重视孩子的讲文明、懂礼貌教育，孩子自身更要注意自己在文明礼貌素质方面的培养。一个文明礼貌高的孩子，老师或他人都爱他（她），都喜欢他（她）；一个文明礼貌高的学生要比差的更容易被录用，在职场上更容易被青睐和重用，在事业上更有机会成功……

文明礼貌的主要内容

讲文明、懂礼貌表现在各个方面，让孩子从最简单的事情开始，比如父母给孩子买了一套玩具、买了一件新衣服……孩子对父母要说一声"谢谢"；孩子做了好事，父母或别人说一声"谢谢"时，孩子要学会说"别客气，不用谢"。或者说"不用谢，这是我应该做的"。父母要求孩子在家里要尊敬父母、长辈，当让孩子做什么事时，要及时应声跑着去干；见到老师，一定要说一声"老师好"或"老师早晨好"。在问老师问题前一定要说："老师好。我有一个问题或一件事请教老师。"当孩子慢慢长大了，讲文明、懂礼貌的内容也要增多，要求也要提高。学校是孩子学知识学文化的场所，但也不能忽视文明礼貌方面的教育。当然，家庭要担负起主要责任。父母在日常生活中要教孩子：举止文明，说话和气，不讲粗话和脏话；尊敬老师，友爱同学；遵守纪律，热爱劳动；衣服干净、经常洗澡，身上没有异味；不随地吐痰，乱扔垃圾；上课时要端坐，认真听讲，不说话，不做小动作……在课堂上向老师提问时，要先举手，老师同意后再说话，提问题或回答问题一定要站起来；和老师说话要表示尊重，老师说话时，要看着老师，认真听，不要乱插话和打断老师的话，当老师问你时，你再说话；老师表扬你时你要热情地说："谢谢老师。以后我要更努力。"老师批评你时你要诚恳地说："谢谢老师。我知道错了，以后我一定改。"当孩子跟家长说老师批评他时，可能会说老师批评得不对，表现出很委屈。家长要鼓励开导孩子："谁都会犯错误，没关系。老师指出你的毛病是爱护你，改了就好。你是好孩子，我相信你一定会改。"家长切忌在孩子面前说老师不对，如何如何……要教育孩子：对同学不挖苦、不嘲笑，有同学请你帮助时，要热情积极，切忌怠慢和拒绝……

培养孩子的文明礼貌习惯

有一位著名教授给大学生作报告，然后请大家提问题。有一个学生问道："教授，您的最重要的东西是在哪儿学到的?"教授答道："在托儿所。在那里我学到了使我终身受益的东西，比如说，有好东西要与小朋友分享，要谦让，吃饭前要洗手，不说脏话，不乱扔东西……"实际上，我们培养孩子的文明礼貌习惯也是一样，并非一定要什么了不起的举措，而是要从身边"吃饭前洗手"这些小事做起。

培养孩子的文明礼貌习惯，要有一个过程，不要操之过急，**它是"积跬步而至千里，积小河而成江海"，日积月累才能有收获**。培养孩子文明礼貌习惯的过程，实际是文明礼貌的观念从强制性层次，逐渐进入有意识层次，再从有意识层次进入无意识层次（这是很高的要求），使文明礼貌贯穿于孩子成长过程中的一举一动。他们能把文明礼貌观念逐渐深入有意识层次，就是很大的提高，为孩子成材打下一个好的基础。

要让孩子做一些实际事来培养孩子的文明礼貌的习惯，例如家里、社区、校园里的人行道上、草坪上总有人扔塑料饭盒、瓶子、袋子、碎纸等，让孩子捡起来扔到垃圾桶里；互相监督，不随地吐痰；不打架斗殴，不说粗话、脏话等。

为培养孩子的文明礼貌习惯，父母要经常将身边一些文明礼貌的好人好事，讲给孩子听。比如一些孩子在公交车上主动给老人、抱小孩的妈妈、残疾人、病人让座，帮助社区年老体弱的人做些事情，在假期里做义工等公益事业等，向自己的孩子宣传，要求他们也这样做。上高中和大学，是孩子成材的重要阶段，也是他们人生定格的阶段，培养他们的文明礼貌已刻不容缓。习近平同志教导我们："**我们不能经济上去了，富了，精神上却愚昧了。我们需要的是'仓廪实而知礼节''衣食足而知荣辱'。**"现在有一些高中生大学生都是言语上的巨人、行动上的矮人。在文明礼貌方面他们能讲很多，但付诸实施却很少：在校园里随处可见乱扔的垃圾，常听到一些粗话，宿舍里衣服鞋袜凌乱，食堂里筷子敲碗声不绝……这种行为许多学生不以为然，殊不知这与他们成材是格格不入的。良好的文明礼貌习惯贯穿一个人的人生和言行的每一个细节。

第二章　培养孩子有高尚的道德

这里用几句五字口诀来说明道德的重要性：

道德不是法，而是高于法。

人人学道德，家和万事兴。

道德得普及，社会面貌新。

人人重道德，四季都是春。

让孩子懂得什么是道德

道德不是法，但它高于法，就是说一个人懂得道德，又具有高尚的道德，他就不会犯法，远离法律底线；一个有高尚道德的人，他就没有犯法的因子。所谓道德是指衡量行为正当与否的观念标准。不同的对错、不同的美丑标准来自特定的生产力、生产关系和生活形态。道德最本质的作用是来维护群体与个人的利益、权益最大化，一个社会一般有社会公认的道德规范。

道德是一种社会形式，是指以善恶的评价方式来评价一个人或一个社会，调整人与人、人与社会之间相互关系的标准、原则和规范的总和，也指那些与此相应的行为与活动。懂得道德的性质、作用与自己的关系，才会去学道德，提高自己的道德水平。

道德包含着客观和主观两个方面。客观方面指一定的社会关系对社会成员的客观要求，包括道德关系、道德理想、道德标准、道德原则和道德规范等。它贯彻到社会生活的各个领域，如政治道德、职业道德、婚姻家庭道德和社会公共生活准则等。道德的主观方面，包括道德行为或道德活动主体的道德意识、道德判断、道德信念、道德意志、道德修养和道德品质等。这方面的内容构成了道德原则和规范，它要求转化为个人道德实践。实现这个转化过程，需要通过道德教育和社会舆论监督，提高个人对道德理想和道德原则、规范的认识，从而逐渐形成个人的道德信念、道德习惯和道德风格。道德之所以为道德，是长久而广泛的人类美好的思想的结晶，良好的道德是人长期修炼的结果。

每一个高中生、大学生，他们到了该考虑其未来人生的时候了，有什么人生观就有什么样的命运。道德在决定人生命运方面起着极为重要的作用。因此，要学道德、懂道德，弄清道德的作用和与自己的关系，使道德助你成材和成功。

对孩子进行家庭美德教育

家庭美德也属于道德范畴，不过它是指家庭中每个人在家庭生活中应该遵循的基本行为准则。家庭是孩子的第一所学校，父母是孩子的第一任老师，当孩子有是非、好坏意识的时候，要对其进行家庭美德教育，即进行家庭的道德观念、道德规范和道德品质的教育。让他们懂得家庭美德和知道家庭美德是调节家庭成员之间、邻里之间以及调节家庭与国家、社会与集体之间的行为准则，同时家庭美德还是评价人们在恋爱、婚姻、家庭、邻里之间交往中的行为是非、善恶的标准。家庭美德还包括在家庭生活中，让孩子在道德意识指导下，按照家庭美德规范行动，逐渐形成他们的道德品质、美德等。

孩子在家庭生活中的表现就是要他们履行自己的家庭道德责任和义务。这里包括奉献精神、为他人服务、关心集体的精神和勤俭持家；孩子将来要走向社会，要培养他们的大视野：爱国家、爱人民、爱科学、爱劳动、爱社会主义。这"五爱"使孩子多一份爱心，学会尊重人、爱护人、尊老爱幼、邻里团结、和睦相处。父母、长辈在家庭美德方面要为孩子做出表率，不要在孩子面前或给孩子讲谁家穷、谁家富、东家长西家短。尤其父母不要为鸡毛蒜皮的小事吵架、打架，为家庭财产争论不休，这不但不符合家庭美德，破坏孩子生长环境，而且会在孩子美好的心灵上蒙上厚厚的阴影，甚至会影响孩子一生。

道德是人的安全屏障

在一个偌大的人类社会里，在你看见和看不见的地方、在你看见和看不见的人流中，总有好人好事和坏人坏事并存着，你如何保证自己不成为坏人和不做坏事，而且远离坏人坏事，道德就是自己的免疫系统和安全屏障。当然，社会好、大环境好，社会犯罪率就低，个人的安全屏障就容易得到保证。社会好、大环境好也是靠公民道德的免疫系统来营造的。社会公共道德是社会的免疫系统，而社会免疫系统，一是靠法律的作用，二是靠道德的律人作用，两者缺一不可。

道德是律人的免疫系统，但在少数情况下也会失效或者反噬。贪污腐败分子、杀人越货分子和其他犯罪分子等都是道德失效和反噬的例子。我们每一个人为了自己的前途、事业和美好的未来，应该加强道德修养、用道德来规范自己的思想和行为——**就像孙悟空，观音菩萨为约束他的行为，给他头上戴了个紧箍咒。**在市场经济、商品社会里，极端利己主义、拜金主义无时无刻不在毒化人们的心灵，无时无刻不在千方百计将人推向犯罪的深渊。道德是个人的安全屏障，它是用道德同坏人坏事做斗争并战胜它们。因此，我们在发展社会主义商品经济的同时，必须要加强社会主义精神的培养和道德素质的修养，逐步形成与建立和现代生产及生活需要相适应的思想观念、道德品质和生活方式。我们生活在偌大的社会里，在一个团队里工作、生活，各种各样的矛盾、人们性格各异、年龄差异、性别不同等，没有道德做润滑剂、没有道德做保证，一切活动、一切工作都无法正常进行，社会、团队等这部机器就不能正常运转。

在高中和大学阶段，家长和学校一定要重视和加强他们的道德品质、道德修养的教育，来提高他们辨别是非的能力和增强他们抵抗社会"疾病"的免疫能力。现在是比较自由和开放的社会，智能手机已成为主要通信和传媒工具。各种信息，大到政治，小到私人生活，上到国家领导人，下到普通老百姓，事情原委真假难分、善恶难辨，要使我们好奇而又不成熟的孩子们能有分辨是非的能力，不被社会"疾病"所传染，是一件很不容易的事情，要求我们家长和学校将他们的道德教育始终放到重要位置。**如果年轻人有一定的道德水平，在他们的人生旅途上就增加了许多安全屏障。**

第三章　家庭文化及其基本功能

家庭文化包括家庭文明、家风、家规、家训、家书等，无论在过去或现在、无论在中国还是外国，为培养孩子成材，对上述几个方面的家庭文化都制定了相应条文，尤其富家和有影响的家庭或望族。自古到今，家风、家训、家规、家书是家庭教育和使孩子成材的重要内容，是培养高素质孩子的发祥地……

家庭文化

家庭文化是中华民族生生不息积累传承下来的宝贵财产，也是传承下来的中华民族的传统美德。习近平同志说："**我们要认识到，千家万户都好，国家才能好，民族才能好……**"

家庭文化传递的是尊老爱幼、男女平等、夫妻和睦、勤俭持家、邻里团结等观念。在建设家庭文化中一直提倡忠诚、责任、亲情、学习、公益等理念。已经上高中和大学的孩子通过家庭文化的学习，培养为家庭谋幸福、为他人送温暖、为社会做贡献。

如果一个家庭在家庭道德、家庭风气、夫妻恩爱、家规、家训等文明建设方面做得好，形成固定模式，成为家庭成员的行为规范，孩子在这样的环境中成长和熏陶，就为孩子创造了很好的、牢固的成材条件。

　　尽管家庭文化有几千年的历史，但是随着当代商品经济的发展，商品社会、商品市场固有的一些消极的东西，如利己主义、金钱至上、灯红酒绿等渗透到社会的各个角落。在家庭里出现享乐主义、分配财产不均或争夺财产争吵不休甚至大打出手、夫妻一方或双方出轨闹离婚等；社会上的贪污、行贿、受贿、卖官鬻爵等，也必然反映到家庭里：使家庭文化被腐蚀或被破坏；青少年学生在这样的家里或从灯红酒绿社会的大染缸里也会染上一些消极、萎靡、丑恶的东西。个别家长认为自己有钱，根本就不去学习、宣传家庭文化，更谈不到去制定家庭文化来约束自己和孩子的行为，致使一些孩子成为小混混或走上犯罪道路……高中生和大学生正处在人生观形成和定格的关键时期，一个文明和健康与否的环境，必然对孩子的品格、人生产生重大影响。

　　家里的亲情是家庭文明的纽带。在家庭文化中，只要有亲情、尊老爱幼、夫妻恩爱、家庭和睦、勤俭持家、邻里团结等，家庭文化就变得有血有肉，就能使孩子感受到家庭文化的真谛，并给孩子留下美好的回忆。让我们读一读唐朝孟郊的诗《游子吟》，就会深深感悟出自古以来中华民族十分重视的家庭亲情。

**　　慈母手中线，游子身上衣。**

**　　临行密密缝，意恐迟迟归。**

**　　谁言寸草心，报得三春晖。**

　　这首诗歌颂了母爱的伟大与无私，表达了诗人对母爱的感激以及对母亲深深的爱与尊敬，充分表达出中华民族自古以来就重视家庭、重视亲情的光荣传统。父母应经常向孩子宣传、学习这首诗，让孩子把家庭视为人生的起点和归宿，报答父母是每一个人的人生的重要内容。

　　这种家庭文化、家庭亲情，在今天仍然有着重要的现实意义，仍然像一块巨大的吸铁石吸引着遍布全国乃至全球的游子们。每年春节和其他重大节日，几亿游子从祖国不同的地方或不同的国度，利用各种交通工具风尘仆仆地赶回家，和家里的父母妻子（或丈夫）以及儿女团聚。

只有加强和重视家庭文化，才能家和万事兴、才能有天伦之乐、才能尊老爱幼。在这种净土环境中熏陶的孩子，**在他们的心灵中就埋下了一颗成材的种子**。

家风文化

家风文化是什么？家风文化是指一个家庭规则的生活方法，也是指一个家庭或家族的传统风尚、风气，即一个家庭的生活方式、文化氛围。换句话说，当一个家庭的家规、家训为家庭成员所公认，并潜移默化深入家庭成员的言行中，成为习惯，即构成了家风文化。

家风的重要性正如习近平同志在接见全国第一届文明家庭代表时所指出的："**家风是社会风气的重要组成部分……家风好，就能家道兴盛、和顺美满；家风差，难免殃及子孙、贻害社会。广大家庭都要弘扬优良家风，千千万万家庭的好家风支撑起全社会的好风气。特别是各级领导干部要带头抓好家风……**"实际上，家风也是一个家庭或一个家族的家文化。家规、家训或家书是承载家文化的工具。家规是一个家庭所规定的行为规范，由一个家族所传承下来的教育、规范后代子孙的行为准则。孟子曰："**不以规矩，不能成方圆。**"颜之推的《颜氏家训·治家篇》中特别指出："**父不慈而子不孝，兄不友则弟不恭，夫不义则妇不训矣。**"作者强调了家庭中长者、尊者、丈夫，家风表率作用的重要性。家风是看得见摸得着的东西，例如曾国藩家族的家风，就是"**不要睡懒觉**"。山西大贾乔致庸的家风规定："**不准纳妾**"。他们往往把家风制成匾额，高高挂在堂屋的正面墙上，并经常让孩子念，代代相传下去。

孩子在一个好家风家庭中长大，其人生观、价值观是积极进取、积极向上、有理想、有追求，不仅有饱满的热情，而且有踏踏实实的干劲。为了孩子的未来，我们作为长辈一定要为子女创建一个良好的家风。家风差，殃及子孙就是父母的罪过。

家庭文化的基本功能

我国家庭文化已有两千多年的历史，而它从一开始就有明确的目标。从我国和一些国外家规、家训、家书文化内容来看，家庭文化的基本功能表现在以下几方面。

家庭文化首先是教育子女成材

教育子女成材是家庭文化最基本的一个功能。我国最早的家庭文化出现于西周。周成王即位后，由其叔周公旦辅佐，周公旦之子伯禽封于鲁（今山东）。伯禽离京前，父亲诫伯禽曰："我文王之子，武王之弟，成王之叔，我于天下亦不贱矣。然我一沐三捉发，一饭三吐哺，起一待士，犹恐失天下贤人。子之鲁，慎无以国骄人。"在《史记·太史公自序》中司马迁详细记录了父亲临终前对他的教导："太史公（指父亲司马谈）执迁（司马迁）手而泣曰：'……汝复为太史，则续吾祖矣……余死，汝必为太史；为太史，勿忘吾所欲论著（指写《史记》事）矣。且夫孝始于事亲，忠于事君，终于立身。扬名于世，以显父母，此孝之大者……'迁俯首流涕曰：小子不敏，请悉论先人所次旧闻，弗敢阙（不敢疏失）。"在司马迁受腐刑（阉割生殖器）后，他难以忍受奇耻大辱，几次想死，但他最终还是含恨忍辱活了下来。为什么？那就是父亲留给他的遗训——必须完成《太史公书》。司马迁花了十四个春秋完成了我国第一部最系统、最完整的中国史——《史记》。近代和当代家庭文化，不论中国还是外国的父母制定的家规与写的家书，中心思想都是教育和指导子女励志成材。

家庭文化是实现家庭的自我控制

家庭是社会的细胞，是社会的最基本、最小的单元，所以它不是孤立的而是有机体，家庭成员必须接受来自外在的社会控制（不管你愿意与否）。这种控制包括法律、行政、道德以及习俗等。同时为了维护家庭内部的稳定、调整和处理好家庭内部关系、将子女培养成人，使家庭得以传承和延续，还必须要有家庭内在控制及家庭自我控制。这种自我控制的一个主要方面，就是通过家庭文化（包括家规、家训、家约、家范、家书——口头的或书面的——等各种形式）来体现。从而起到对子女与全体家庭成员的教育、引导和约束作用。如果我们观察和分析目前所有犯罪的家庭，不管他们是一般老百姓或是高官、高职位人物，尽管他们犯罪的起因很多，但追溯到家庭，要么他们没有制定相应的家庭文化，要么是没有用家庭文化对自己实行自我控制和相互监督。

家庭文化督促家庭长者起表率作用

家庭文化督促父母、长辈等长者起表率作用，为晚辈树立榜样。家庭文化的一代一代传承，主要是靠一代一代人的执行和模范遵守，是人们在长期的家庭生活中逐渐形成和世代沿传下来的生活作风、生活习惯、生活方式；良好家风的形成正是家庭长辈和主要成员潜移默化的影响和教诲的结果。

不论在历史上还是现代，所有有成就的人，其父母不但在关心和教育孩子方面尽职尽责，而且严于律己、以身作则，在孩子心目中有威望和威信，对孩子有很好的影响力；相反，出现这样或那样问题的人，包括犯罪，都是父母本身没有用家庭文化监督自己，为孩子树立了坏榜样所致。

家庭文化是孩子成长、成材的重要精神财富，但家庭文化必须通过媒介发酵，然后去感染一代代的后人。这个媒介就是父母，父母不但要靠言传，还要靠身教。父母要把家庭文化的精华、要义，用各种灵活的方式传达给孩子，让他们领会，继而指导他们的行动。

所有的父母都应该像林则徐、乔致庸、曾国藩、梁启超、奥巴马那样，以身作则，用家庭文化去教育后代。

第四章　我国著名家庭文化节录

我国历史上和近代有一些著名的家规、家训和家书等家庭文化；在外国也有，不过他们的家庭文化没有像我国这么系统。家庭文化的内涵相当广泛，包括伦理道德、文化知识教育、谋生技能的传授、为人处世的告诫等要求，几乎涉及个人、家庭、社会的各个方面。其中对子女的伦理道德教育、廉洁自律教育、处世教育、勤奋好学、成材成功教育等都极为详尽。下面我们节录一部分，供大家学习与应用。

《朱子治家格言》

《朱子治家格言》，又称《朱子家训》，流传最为广泛。《朱子治家格言》影响后世最大，几乎家喻户晓。它的内容是："黎明即起，洒扫庭除，要内外整洁。即昏便息，关门锁户，必亲自检点。一粥一饭，当思来之不易；半丝半缕，恒念物力维艰。宜未雨而绸缪，毋临渴而掘井。自奉必须俭约，宴客切勿留连。器具质而洁，瓦缶胜金玉。饮食约而精，园蔬胜珍馐。勿营华屋，勿谋良田。"

"三姑六婆，实淫盗之媒；婢美妾娇，非闺房之福……子孙虽愚，经书不可不读。居身务期质朴，教子要有义方；无贪意外之财，勿饮过量之酒。"

"与肩挑贸易，勿沾便宜；见贫苦亲邻，须多温恤。刻薄成家，利无久享……兄弟叔侄，须多分润寡；长幼内外，宜法属辞严……重资财、薄父母，不成人子。嫁女择佳婿，毋索重聘；娶媳求淑女，毋计厚奁。"

"见富贵而生馋容者，最可耻；遇贫穷而作骄态者，贱莫甚。居家戒争讼，讼则终凶；处世戒多言，言多必失。毋恃努力而凌逼孤寡，勿贪口腹而姿杀生禽。乖僻自是，悔误必多；颓惰自甘，家道难成。押昵恶少，久必受其累；屈志老成，急则可相依。轻听发言，安知非人之谮（诬陷，中伤）诉？当忍耐三思；因事相争，安知非我之不是？须平心暗想。"

《朱子治家格言》强调知行并重，以"修身""齐家"为宗旨，集儒家做人处世方法之大成，思想根基深厚，含义博大精深，把儒家伦理与日常生活相结合……

《朱子治家格言》已成为一代又一代人的座右铭，把立身处世的道理以明白浅显的文字表达，让我们一看就明白对和错、好与坏。它对我们人生、人品的健康培养具有实际指导意义，我们的人生之路不会有大的偏差，在成功的路上不会有重大挫折。

《朱子治家格言》很有现实意义，应在广大群众中进行广泛宣传。社会上的行贿、受贿、贪污、腐化堕落；结婚前要求对方存款多少、有房、有车……把婚姻当成商品进行交易；在官场上，把正常的晋升提拔，也拿来进行交易，明码标价，卖官鬻爵……我们要牢记《朱子治家格言》的教导："嫁女择佳婿，毋索重聘；娶媳求淑女，毋计厚奁。""莫贪意外之财，莫饮过量之酒。"如果遵循先人的教诲，我们，特别是我们的孩子就可以拥有一个健康、踏实、幸福、有尊严的人生。

《乔致庸家规、家训和商训》

几乎所有的人都看过电视连续剧《乔家大院》，电视剧中的乔家人都中规中矩，重商德，做善事，善待用人……都是真实写照。为使祖上留下的基业兴旺发达，当乔致庸成为乔家掌门人以后，开始制定家规、家训和商训。据史料记载，乔致庸把**《朱子治家格言》**挂在中堂明显的地方，定期让家人读，如果有人破了规矩，就罚站，连读数遍，一直到表示以后永不再犯，方可停罚。

正因为乔家制定了家规、家训和商训，代代掌门人又严格履行其规定，所以乔家风气特别正，没有出现过一个吃喝嫖赌的、纳妾的人；没有发生过一次虐待仆人、性侵仆人和克扣与侵占仆人利益的事情。而且过年过节还给仆人加薪、送肉和米面。当仆人年老体弱不能干时，给养起来；当兵荒马乱年代，乔家常常施舍灾民，支锅造饭，做善事，是当时山西有名的大善人；在商界是有名的诚信商人，从不搞坑蒙拐骗和违法乱纪……乔家不但商业发达，成为有名的商业帝国，而且造就了许多优秀人才。

家规

乔致庸为约束家族成员的行为制定了六不准家规：不准纳妾，不准虐仆，不准酗酒，不准赌博，不准嫖妓，不准吸毒。

家训

有补于天地者曰功，有益于世教者曰名，有学问者曰富，有廉耻者曰贵，是谓功名富贵。

无欲曰德，无为曰道，无习于鄙陋曰文，无近于暧昧曰章，是谓道德文章；有功名富贵固佳，无道德文章则俗。

常思父母恩德不得不尽孝，常思求财不易不得不节费用，常思人生苦短不得不惜精神，常思学有不足不得不奋志气，常思法网难漏不得不戒非为，常思争愤易损不得不忍气性；为圣为贤从此进基。

天下无穷不省事，皆由于重利一念，利一重则事事皆违人心，为盗、为趾从此直入。

天下无穷大好事，皆由于轻利一念，利一轻则事事悉属天理。

何谓福？有工夫读书谓之福，有力量济人谓之福，有著书行世谓之福，有聪明浑厚之见谓之福，无是非到耳谓之福，无疾病缠身谓之福，无尘俗撄心谓之福，无兵凶荒歉之岁谓之福。

宜静然，宜从容，宜谨严，宜俭约，四者切忌良箴；忌多欲，忌妄动，忌坐驰，忌旁骛，四者切忌大病；常操常存得一恒字诀，勿忘无助得一渐字诀；敬守此心，则心空，敛养此心，则气平，有容乃大，无欲则刚。

商训

准备充足，谨慎从事，审时度势，稳步前进；人弃我取，薄利多销，锐意经营，出奇制胜；货真价实，诚待顾客，近悦往来，注意名誉；小恩小谆，不为己甚，遇事忍让，恰到好处；慎始慎终，知人善用，金银往来，认真行为。

乔致庸的家规、家训与商训，在当下仍很有指导意义，如果青年认真学习，并贯彻于行动中，就为其成材打下坚实的思想基础，就为其成材历练出良好的思想品质，其人生道路就不会扭曲。

《裴氏家训》

裴氏家族自古以来就是三晋望族，也是中国历史上声势显赫的名门大族。裴氏家族自秦汉以来历经六朝长盛不衰，到隋、唐两个朝代而盛极，从后梁到后周的五代以后余芳犹存。在上下两千年间英俊豪杰、名卿贤相，摩肩接踵，辉耀前史，茂郁如林，代代有伟人彪炳史册。其家族人物之盛，德业文章之隆，在中外史上堪称绝无仅有，是一大奇观。为什么？追溯裴氏家族经久兴隆的原因，史学家学者认为原因是多方面的，**但起决定作用的因素在于他们有深厚悠久的家庭文化，一向重视教育，自强不息；同时，"重教守训，崇文尚武，德业并举，廉洁自律"。**

《裴氏家训》共十二条

第一·敬奉祖先：慎终追远，木本水源。生事死葬，祭祀礼存。立志向善，做贤子孙。贻谋燕翼，勿忘祖恩。

第二·孝顺父母：父母恩德，同比昊天。人生百行，孝顺为先。跪乳反哺，物类犹然。况人最灵，孺慕勿迁。

第三·友爱兄弟：世间难得，莫如兄弟。连气分形，友恭以礼。同心同德，团结一体。姜被田荆，怡怡后启。

第四·协和宗族：曰宗曰族，一脉相承。勿事纷争，和谐齐贤。尊卑长幼，伦理秩然。远近亲疏，裕后光前。

第五·敦睦邻里：同村同井，居有德邻。相维相恤，友助和春。勿生嫌隙，有礼彬彬。基层良风，家国亲仁。

第六·立身谨厚：谨身节用，明刊孝经。武侯谨慎，昭若日星。厚德载福，宽让能宁。谦虚自牧，喜怒不形。

第七·居家勤俭：勤能补拙，俭以养廉。丰家裕国，莫此为先。秃惰奢靡，祸害无边。惜时爱物，居安乐天。

第八·严教子孙：家庭教育，立人丕基。诲而谆谆，性乃不移。谨信泛爱，重道尊师。传子一经，金玉薄之。

第九·读书明德：人不读书，马牛襟裾。学而时习，其乐无穷。一技专长，生计无虞。立达希贤，典型规模。

第十·惇厚戚朋：朋友无伦，以德辅仁。益友损友，择游宜珍。戚党姻亲，和恰如春。岁时伏腊，晋接礼宾。

第十一·慎重言语：一言兴邦，一言丧邦。圭玷可磨，言玷永伤。驷不及舌，语出须防。少说寡祸，发言有章。

第十二·讲求功德：置身社会，功德第一。爱惜公物，遵守序秩。时时警惕，留心错失。祛除自私，免贻人疾。

《裴氏家训》共十二个方面，对父母与青年人来讲，其中第六条到第十二条，要认真学习，领会其精神。青年学生要学会谨慎宽厚。诸葛一生唯谨慎，大事不糊涂。谨慎宽厚是做人的准则；学而时习之其乐无穷，不学习无知则如牛马；人要学勤，勤能补拙，勤能致富，勤能使事业成功，勤俭能使人练出高贵的品质；家庭教育很重要，它教人有好的品行，明事理，使人知道爱，重道尊师和教人有生存的本领；人要会说话，说话有根有据、有理有章，牢记话不投机半句多，言玷会伤人，会惹祸，会断送人的前程；人置身于社会，要讲公德，要豁达，要重义轻利，不为名利所困就活得潇洒愉快……

林则徐的《林氏家训》

林则徐是中国人民永远记住的一位民族英雄，我们永远怀念他和敬仰他。他的事迹、他的人品堪称官员的楷模，他深厚的夫妻感情也堪称官员的楷模。他集几十年为政、为学、修身、齐家之经验，写出了《林氏家训·十无益》。

存心不善风水无益；不孝父母奉神无益；兄弟不和交友无益；行止不端读书无益；心高气傲博学无益；做事乖张聪明无益；不惜元气服药无益；时运不济妄求无益；妄取人财布施无益；淫恶肆欲阴骘（阴骘：指阴德，即暗中做坏事）**无益**。

这里说的"有益"或"无益"，关键在于你的出发点，内心真诚很重要。做表面文章的人，其内心已被污染；追求道路上绞尽脑汁，行为举止已经严重走偏。我们家长要自己的孩子树立大目标，像林则徐那样去努力争取，即使"时运不济"，也毅然在孜孜"妄求"。

林则徐的一生是**"横眉冷对千夫指，俯首甘为孺子牛"**。他为官四十年的座右铭就是**"己正才可以正人"**。所以他严格要求自己，处处为人表率，勤勤恳恳，兢兢业业，谦虚谨慎，爱民如子；对敌人、对恶势力，做坚决斗争，毫不退让。他整饬吏治，严惩贪赃枉法之徒，严禁阿谀奉承，严惩官员借端勒索。因此，他所到之处，官场风气大变。林则徐秉公办事的作风是官场中最正气、最正直、最廉洁的一面旗帜；他大公无私、爱民如子的作风深受人民的爱戴。

林则徐的一生，其学问、智识、志节、行操、正直、廉洁，乃为人楷模。他宁静致远，在自己房间里总挂着**"制怒"**的条幅。

我们细细回味林则徐的《十无益》家训之后，会体会到：只有对自己严格要求的人，只有认真做到心底纯正、心地善良的人，只有大公无私、清明廉洁、高尚的人，才能写出这样的家训；只有同敌人、恶势力、小人做过长期斗争的人，只有在长期观察形形色色的做事心术不正、动机不纯的人之后，才能写出这样的家训……父母要孩子认真学习林则徐的家训，使他们树立正直、廉洁、宁静致远的优秀品质。

《曾国藩家书》

曾国藩是晚清著名的政治家和军事家。他是一个非常勤奋、很有毅力和有良好习惯的人，他长久为人所称道，不仅是因为他的文治武功，更是因为他的文章与道德。他的文章、道德之精粹无不包含于家书之中。

《曾国藩家书》收录了约 1500 封家书，约 110 万字。家书所涉及内容极为广泛，小到人际琐事和家庭生活指标，大到进德修业、经邦纬国之道的阐述，是他 40 年翰苑和从武生涯，是他一生的主要的为政、治家、治学之道等活动的生动反映。

曾国藩家书涉及的面极广，但其主旨可归纳为八个字：**勤、俭、刚、明、孝、信、谦、浑。人们把这八个字称为曾国藩的八德**。曾国藩说：**"勤、俭、刚、明四方面，皆求诸己之事；孝、信、谦、浑四方面皆求诸人之事。"**曾国藩的"八德"的形成完全在于个人的精神修养。

"勤"，曾国藩最重视勤，表现也最勤。他认为勤勉治事是万事成功之本；**"俭"**，是要人在生活上注意节俭，节俭可以帮助磨炼自己的品质，节俭的人最珍惜自己和别人的劳动果实，懂得惜福；**"刚"**，是说人在面对挫折时应当坚挺刚强，不怕失败，要有屡败屡战的精神；**"明"**，人要有洞察时局的眼力，懂得随机应变。没有远虑，必有近忧，不为眼前的利益所迷惑。曾国藩说**"明"**字不易学，凡事多看、多做、多问、多想才能**"明"**。**"孝"**，有孝心才能治家，才会尊老爱幼，才会体贴父母，使父母食无忧，心喜悦；**"信"**，为人诚心，信守承诺，谓之**"信"**；**"谦"**，是指谦虚、谦逊，为人谦和，时时把心放空，才能学到更多东西。谦和才会有朋友，才能与人为善；韬光养晦，藏匿锋芒，谓之**"浑"**，这样才能为自己留有余地……

曾国藩对自己进行不懈地修炼和雕琢身上不足之处，最终成了大器。他经常在家书中用**"多言好辩惹祸端"**来教育自己的亲属和子女。他劝诫说：**"古人总结由于不好的德行而导致失败的情况，大约有两种，一是高傲，二是多言。"**

曾国藩的**"做人要正直，要多读书以明理"**的思想，有深远的影响，不但影响了他的弟弟和子女，还影响了一大批他身边的官员，而且也深深教育着一代代后人。

曾国藩已逝，精气犹存。他的影响流传至今，**其身上的特质，依然可引领我们在纷杂的尘世中去寻找自己的道路，开创属于自己的人生。对于即将走上工作岗位的大学生来说，曾国藩的家书很有实际意义。**

梁启超《家书》

梁启超是近代中国维新派代表人物、学者，是中国近代史上著名的政治活动家、启蒙思想家、教育家。他通过对欧美社会的考察发现，西方社会有诸多弊端，并宣布西方文明已经破产，主张发扬中国传统文化、用东方的固有文明来"拯救世界"。他的思想与时俱进，不失为一位伟大的革命活动家。

梁启超在1898—1928年的30年间，给妻子和孩子写了近400封家书，在中外史上实属罕见。梁启超在这些家书中，不仅仅有对妻子和孩子们淳淳的爱、谆谆的教导，不仅仅只是指点江山、纵论时事，也有家长里短、儿女情长；更有激昂、热血、希望和欢乐，也谈失败、绝望与狼狈。他在不同时期、不同情况下，经常给孩子们讲家庭婚姻和做人与做事的道理。

　　梁启超性情耿直，非常恨一些人草率对待婚姻。他对孩子们说：**"青年为感情冲动，不能节制，任意冲破婚姻礼仪、道德的罗网，其实乃是自投苦恼的罗网，真是可痛、真是可怜……在婚姻上不严肃、随便离婚实在是不道德之极……品德上不曾经过严格训练的人，真是可怕。"**梁启超在家书中给孩子们讲人生的道理，他说：**"人之生也，与忧患俱来，知其无可奈何，而安之若命。你们都知道我是感情最强烈的人，但经过若干时候之后，总能拿出理性来镇住它，所以我不致受感情牵动，糟蹋我的身子，妨害我的事业。这一点你们虽然不容易学到，但不可不努力学。"**他把人生、人生事业、品行修养概括为：**"莫问收获，但问耕耘；学问是生活，生活是学问；人贵自立；失望沮丧是我们生命上最可怖之敌，我们须终生不许它入侵；我想有志气的孩子总应该往吃苦路上走；处处忧患是人生幸事，不过不必忧虑，只需用相当努力便好；今天谁也料不到明天的事，只好随遇而安罢了；择交朋友是最要紧的事，宜慎重留意……"**

　　梁启超也常常给孩子讲做人的道理。他说：**"我常说天下事也无所谓大小，士大夫救济天下和农夫善治其十亩之田所成就一样，只要在自己责任内尽自己力量去做，便是第一等人物……"**

　　在梁启超家书中，洋溢着父亲的爱、关怀与操心。当孩子们面临事业选择、感情波折、人生困顿时，他以自己的人生感悟、用最温婉的方式，最及时地传递给他们。比如，他担心儿子梁思成对建筑专业产生苦恼，他说：思成所学太专门了，我愿你趁毕业后一两年，分出点光阴学点音乐、文学、美术等常识，把生活内容弄得丰富一些，不然太单调，容易厌倦……当林徽因父亲突然不幸去世时，梁启超像慈父一样对林徽因说："像朋友一样的爹爹走了，没有来得及说一声'再见'，你的痛苦和悲痛不言而喻。你要十分镇静，不可因刺激太剧，致伤自己的身体……"

梁启超非常注意自己道德、人格、人品的修养，非常注意为人父的形象。他在给儿子思忠的家书中说："**我自己常常感觉我要自己做青年的人格模范，最少也要不愧做你们姊妹兄弟的模范。**"

梁启超不但自己知识满钵、功成名就，而且教育了梁氏满门英杰，引起许多人好奇和深思。他秉承祖父、父亲那里的"义理""名节"为根基的家教、家规、家风，尤其强调道德、人格、人品的修养。他对孩子着重于精神情操与道德人格方面的教育。梁启超的教育内容、方法等都与时俱进，特别要指出的是**他倡导尊重个性和启发式教育理念，把每一个孩子的道德修养和创造性最大限度地挖掘和提升**，力争让他们成为完人。梁氏为了培养孩子成人成材真是做到了呕心沥血，尽到了一个父亲的责任，是一个出色的家长，堪称楷模。

希望天下父母亲下一点功夫，读读梁先生的家书，提高自己的素质，为培养自己的孩子成材做出自己的贡献。

第五章　美国一些名人家庭文化节录

美国一些名人如大卫·洛克菲勒、卡尔·威勒欧普、美国前总统家族或本人，都留下一些很有价值的箴言、家规、家书等家庭文化，节录于下，供大家欣赏与借鉴。

石油大亨大卫·洛克菲勒家族的箴言

美国石油大亨大卫·洛克菲勒家族传承下来的箴言：**劳动致富，一分汗水，一分财富；勤俭节约，勤俭持家，廉洁自律，反对浪费；在生意场上要讲诚信；对社会要做些善事**……大卫·洛克菲勒说，他父母亲一直保持着**这些美德**，而且经常把这些美德给孩子讲，要求他们把这些美德向子孙进行传承……洛克菲勒说，**他 16 岁时花了一毛钱买了一个小本子记录他每一笔收入和开支，一生都把此账本视为最宝贵的纪念物。他回忆说，他小的时候，每周只有三毛钱的零用钱，使用去向都要登记在账本上，使用合理就能得到父亲的奖励。他说自己结婚生子以后，时时刻刻都给孩子灌输这样的价值观……**

洛克菲勒家族，一直传承着祖训，几代石油事业兴旺发达。洛克菲勒是世界著名的美国最早的一位大慈善家：他捐资创办了美国芝加哥大学、中国北京协和医科大学，捐资保护法国凡尔赛宫、联合国总部等。

母亲对儿子艾森豪威尔的箴言

艾森豪威尔的母亲很注意孩子的言行和情绪。艾森豪威尔回忆说，他青年时在玩牌的时候，总抱怨自己摸了一手坏牌，而妈妈则教导说："如果你要玩，就必须用手中的牌玩下去，不管那些牌怎么样！"妈妈还常常对我讲："人生和打牌一样，发牌的是上帝，无论怎样的牌你都必须拿着，你能做到的就是尽你全力，求得最好的结果。人不能老靠运气，要靠奋斗、靠努力去争取好的人生，什么事情全力去做了，说不定运气就来了。"

艾森豪威尔说他一生"都记着妈妈的箴言，在逆境和困难时，就想起妈妈的教导"。他说当他任盟军统帅和任美国总统期间，也用妈妈的教导告诫自己，不管遇到多大困难和麻烦，都要求自己对工作、对生活不要有任何抱怨。他说："我总是以积极乐观的态度去迎接命运的每一次挑战，尽自己所能做好每一件事情……"

奥巴马的《家规》

奥巴马成长于单亲家庭，最终取得令人羡慕的成就，这与他的母亲对他的教育是分不开的。作为美国第一家庭，他为教育好自己的两个女儿，特为孩子制定了九条家规。

1. **不能有无理的抱怨、争吵或者令人讨厌的取笑。**

解读：要做一个优秀的人最基本的素质就是不能让情绪控制自己。情绪化的语言和行为是一把双刃剑，既会伤到别人，也会伤到自己。要让孩子养成理性思维的习惯。有理不在声高，就事论事，不偏激，不妄言。

2. 一定要铺床，不能只是整洁而已。

3. 自己的事情自己做，比如自己冲麦片或倒牛奶，自己叠被子，自己设置闹钟，自己起床并穿衣服。

4. 保持玩具、房间的干净。

5. 帮父母分担家务，每周一美元。

6. 每逢生日或是圣诞节，没有豪华的礼物和华丽的聚会。

7. 每晚八点三十分准时熄灯。

8. 安排充实的课余生活：玛利亚跳舞、排戏、弹钢琴、打网球、玩橄榄球；萨莎练体操、弹钢琴、打网球、跳踢踏舞。

9. 不准追星。

奥巴马的《家训》

奥巴马把不要女儿做的 17 件事情作为《家训》，让女儿切实做到。

生命如此短暂。我们有时候觉得生命怎么也走不完，实际上，你现在活着，过不了多久，就会死去。人生真是转眼一瞬间的事情，很多人到临死前才意识到这一生已经结束。

1. 停止怀疑自己

如果你自己都不能相信自己，那没人会相信你。成功源于你的头脑，如果你所做的是不断地看扁自己，预言着未来的失败，这就真的会成为现实。与其怀疑自己，不如积极地考虑问题。不仅会让自己更加开心和成功，你还能够感染到周围的人。

2. 停止消极

现在你不要再怀疑自己了，也别再怀疑身边的人。你不希望被人挑剔，那么也不要再去挑剔身边的人。想想你给别人带来什么感受吧——即使出发点是好的，别人也不想听到那么多消极的事情呀。

3. 停止拖延

我现在不想做，还是留到明天吧。一旦开始拖延，其实你已经停滞不前了。你拖延的事情不会自行解决。解决问题，继续前行吧。从长远角度来说，你会更加快乐。

4. 不要那么刻薄

无意踩到别人的情况真的有可能会发生——常常会发生。但没必要去处心积虑地做一些不好的事情，所以要有意识地让自己不要那么刻薄。如果有人对你无理，随他们去好了。没必要去报复，除非你也想成为那一类人。

5. 不要在外吃饭

在外面吃饭真的非常非常浪费钱。也许每次对于你而言都是一次犒赏，但每顿都在外面吃反而是花光积蓄的最快方式。至少也去学学怎么做一些自己喜欢的菜：既能省钱，还能让你更健康，还会让其他人眼前一亮。

6. 不要再偷懒

懒人真的很招人烦——像赶驴拉磨一样逼着他们做事情。如果我想跟你看一场电影，却不得不花一个小时说服你起床，那我宁愿一个人去看。给自己动力都不是件容易的事情，就别让朋友和家人浪费宝贵的精力再来给你动力了吧。

7. 停止抱怨

我们都有麻烦事，有时候总想跟别人倾诉。这可以理解，但要注意你吐槽的频率。我们都喜欢帮助朋友和家人，但如果从那个人身上我只能感知到负能量，那么还是离得越远越好吧，尤其是当他们在反复抱怨同一件事的时候。

8. 别再那么自私

如果你只考虑自己，那么很快你会发现身边只剩下你自己。停一分钟想想你的行为会给别人带来什么影响吧——你是不是从休息室拿了最后一杯咖啡？再倒满呀！你是不是和别人合租？不要喝光所有的牛奶，这个世界是一个完全由大家分享的世界，你所做的每一件事都会影响到别人。

9. 别再浪费时间

虽然之前说过了，但我还想再说一遍：时间是我们拥有的最宝贵的资源，不要把时间浪费在没有意义的事情上面，如果你想探索这个世界的黑暗角落，很好。我也认识一些没有固定工作的自由职业者，但我不会以牺牲自己的短期、长期目标为代价和他们去玩乐。

10. 别再做承诺

总是做承诺，总是做不到。每次做承诺都是给自己增添了责任，无论你的出发点有多好，你都不可能完成所有的部分。大部分时候你的承诺都太过绝对，比如"我发誓永远爱你"，也只能在绝对环境中才能实现。与其用语言许下承诺，不如在别人需要你的时候出现，然后用行动达到他们的期望吧。

11. 不要做老好人

我们所处的社会，每个人都试图告知我们一些事情。每个人都从不同角度去找寻着自己，你也需要，你要做的就是在合适的时候说不。

12. 不要听讨厌的人说话

无论你想干什么，总会有人告诉你不要这么做，没有用的。我可以想出百万条推特不实用的理由，但它还是互联网上最流行的社交网站之一。我的想法不会阻止推特的成功，就像你无法劝科比退出 NBA 或乔什·哈奈特不要当演员了一样，都毫无意义。那么为什么要让别人的想法阻止你呢？

13. 停止浪费

你饭没吃完，然后扔掉食物；刷牙时还开着水龙头，就让宝贵的水哗哗地流走，明明可以走到的地方你偏要开车，燃烧汽油（无法再生能源）。如果你浪费了那就赶紧停止这些恶习。

14. 不要乱扔垃圾

唯一让我觉得比浪费的人更可恶的就是垃圾虫。垃圾虫最让我厌恶，而且永远多得让你数不清。如果你曾扔过一块口香糖、一张纸、糖果包装、烟蒂，那么你就是恶心的垃圾虫，你应该感到耻辱。世界上有超过 70 亿的人——那么全世界就会变成 70 亿垃圾场，哪怕你没有成为罪魁祸首。

你的一个决定会产生深远的影响，我不赞成你去大马路大声高呼。如果你是垃圾虫，那么就马上停止吧，也许不会救命，但能让你不那么惹人厌。停止这一举动吧，你知道该怎么做的。

15. 别把每件事往心里去

人们会因为一些奇怪的事情感到被侵犯。就拿肯德里克·拉马乐（Kendrick Lamar）这个夏天备受争议的歌曲（control）为例：他在歌词中挑衅了一些他认为比他弱的说唱歌手（的确是这样），一石激起千层浪，整个说唱界的歌手都蜂拥录歌作为回击。重点在于所有的人都认为自己是最好的说唱者，每个人都更看重自己，这就是他的目的所在。这件事教给我们的无非就是不是所有的事都要围着你转，如果你是玻璃心，有人会利用这一点。

16. 不要再说话了

有时候沉默是金——特别在情侣关系里。我都记不清楚到底多少次因为说错话引发了本可以避免的争端。即使你想说的非常重要，那也闭嘴，自行消化。你可以用行动证明一切，毕竟你自己说话的时候是听不见的。

17. 停一下，深呼吸吧。无论你现在在干什么，这一天过得怎么样，你都要好好停一下，深呼吸。不如现在就歇一歇，犒赏自己总算挺过了一些事。

奥巴马给两个女儿的书信节录

美国前总统奥巴马在任上于百忙中给两个女儿写了一封深情的信，其中有一段话充分表达了一个父亲对女儿的爱、对女儿的责任以及女儿在父亲心目中的分量："当我还年轻的时候我认为生活就应该围绕着我转：我如何在这个世界上得心应手、成功立业，得到我想要的。后来你们俩进入我的世界，带来的种种好奇、淘气和微笑，总能填满我的心，照亮了我的日子，突然之间，我觉得为自己谱写的伟大计划不再那么重要了。我很快便发现，我在你们的生命中看到的快乐。而我同时也体认到，如果我不能确保你们此生能够拥有追求幸福和自我实现的一切机会，我自己的生命也没有多大价值……"

《赞美你：奥巴马给女儿的信》见百度文库·基础教育。2011 年青年出版社出版。2015 年 3 月 27 日奥巴马给女儿的一封公开信，让停止在做的 17 条建议。见教育-腾讯网。

卡尔·威勒欧普是美国某著名公司的总裁，他有名的箴言是**"兑现承诺"**。他说他不轻易许承诺，一旦许下承诺，就一定兑现。他说"朋友间、同事间、上下级间诚信是重要的，凡是说过的话，做过的事，都要敢于承担后果。父母答应孩子的事情也是如此。兑现承诺是诚信的重要标志……"他的朋友赞誉说："卡尔·威勒欧普事业的成功在于认真履行承诺。"

见追赶承诺-做人处世智慧：智慧身心健康网。

我想，不管谁读了名人名家的箴言和奥巴马给女儿写的家规、"十七个停止"的家训以及给女儿的信，都会被深深感动。**他们用亲情、用肺腑之言给子女指出应该怎么对待人生。他们表达的心声代表了所有父母的心声。如果每位父母都像梁启超、奥巴马等那样把自己的子女放在心上，去关心、去教育，一定会培养出优秀的子女。**

第六章　家庭文化是孩子成材的重要教材

学习改变人生，教育改变民族。中华民族自古至今创造的灿烂的家庭文化，孕育着世世代代的中华儿女，培养出一批又一批杰出的政治家、思想家与哲学家、文学家与科学家。家庭文化之所以是孩子成材、事业成功的重要教材，在于家庭文化涵盖了各个方面，内容极其丰富，而且经典、精辟。我们把家庭文化归纳成以下几个方面，加以简单解读。

伦理道德方面

孝敬父母和长辈，尊卑长幼、伦理秩然。重道尊师、礼仪为先，立志向善，做贤子孙。置身社会，公德第一。爱惜公物，遵守序秩。时时警惕，留心错失。祛除自私，免贻人疾等。

伦理道德方面的要求是做人的总纲。如果我们在人生的不同阶段，这些方面基本做到了，就是一个较全面的、思想境界较高和较成熟的人，就能保障一生潇洒自如，在人生旅途上扬帆前进，做一番事业。

修身养性方面

厚德载福，宽让能宁。谦虚自牧，喜怒不形。处世戒多言，言多必失，多言好辩惹祸端。戒骄、戒贪、戒懒、戒怒、戒躁。养正气为先，养元气为本等。

修身养性是要求人们如何处世、如何做人。我们每一个人的思想情绪、喜怒哀乐，经常会受到环境的影响；对不同的人和不同的事物，会有不同的反应，会发表自己的看法等。**"修身养性"**中**"修身"**就是要努力提高自己的品德修养；而**"养性"**是要努力培养自己具有良好的性格和对事物的洞察力。曾国藩说：**没有远虑，必有近忧，不为眼前利益、表象所迷惑，谓之"明"。要想"明"，凡事多看、多做、多问、多想才能"明"。修身养性**要求我们处世、做事不要情绪化，要深思熟虑，要"未雨先绸缪"。所谓好事、坏事不是光看动机而主要是看结果。动机是抽象的，结果是具体的。"好心办坏事"，"好心"就打上了问号。

勤俭节约方面

居家勤俭，居安乐天。一粥一饭，当思来之不易。半丝半缕，恒念物力维艰。勤能补拙，俭以养廉，勤是万事成功之本等。

勤俭节约对我们青少年、年轻人最为重要。尤其**"勤"**，勤人和懒人，一个天，一个地；做事靠勤，成功靠勤；勤能致富，懒能败家。自谕自愚者则勤，自谕自聪者则懒——"聪明反被聪明误"就是这个道理。节俭不仅是珍惜物质，还可以帮助人磨炼自己的品质。懂得节俭的人最懂得惜福，最珍惜自己和别人的劳动果实。勤俭节约的人才能廉洁自律，抵制腐败。

家庭教育与学习方面

重视家庭教育，立人丕基。诲而谆谆，性乃不移。传子一经，金玉薄之。人有一技，一生无虞。圣贤之书，教人诚孝。慎言检迹，立身扬名。子孙虽愚，读经书即聪。人生苦短，惜时多学等。

重视家庭教育和重视学习，是立身处世和建大业的根基。有知识的人才能明事理。金玉之贵固然，但和经纶相比则黯然失色。我们有些人光想着给子女留财产，但不知道教子女经纶。物质财富不能世代相传，而知识文化则可一代一代传承。儒家思想、家庭文化已经传承几千年了，仍是当今人类的宝贵财富；古人云："人有一技，一生无虞"，我们有许多专家、高级技师，就是握有一技，实践中的难题，他们能把脉迎刃而解。人不怕愚，而怕不读书，无知则愚，读书则聪；知道人生苦短的人，才会抓紧时间读书学习。当今世界你要想不被淘汰，只有多学习、有知识。

培养良好习惯方面

黎明即起，洒扫庭除。即昏便息，关门锁户。不抽烟，不饮过量之酒。按时饮食，勿暴饮暴食。读书做事，恒字相伴等。

一个人起居、饮食、运动、生活有规律，没有不良嗜好，读书做事有韧性、有恒劲，几十年如一日坚持下去，这种习惯一旦养成，不但助你事业成功，而且对你身体健康长寿都大有裨益。一个良好习惯的养成，须有战胜惰性和不良欲望的恒心，须有"积跬步行千里"的决心，才能做到。

为人处世方面

德业并举，廉洁自律。忌多欲，忌妄动，忌坐驰，忌旁骛。多让利，多让礼。勿事纷争，勿生嫌隙。彬彬有礼，和谐相随。存心宽厚，和气生财。错则改天地不怒，能安分则神鬼无权。面对挫折，人要坚强。没有远虑，必有近忧。凡事多看、多做、多问、多想，才能明。为人谦和，才有朋友。韬光养晦，藏匿锋芒，才能进退自如。不断雕琢自己，常除身上之不足，终成大器等。

人来到世上，有两件事是必须要做的：一是要做事，二是要有朋友。人只要做事就要和别人发生关系，和人来往。别人要接纳你，愿意和你交往、和你共事，你就必须具备相应的条件和素质。所以一个人要从思想、道德、欲望、言行等多方面对自己进行雕琢，掌握做人的艺术和做人的素质。人要有朋友，朋友越多越好，在人生旅途上，多个朋友多条路。任何在职场上如鱼得水的人，得志的人，有成就的人，都是**为人处世方面**的佼佼者。但是，自谕聪明的人，自谕有本事的人，总是认为万事不求人而万人要求己的人，结果成为孤家寡人，一事无成。**为人处世是一门大学问，我们每一个人特别是年轻人，要下功夫去学习，逐步掌握为人处世的艺术。**

人生方面

人之生也，与忧患俱来，知其无可奈何，而安之若命。莫问收获，但问耕耘。学问是生活，生活是学问。人贵自立。天下事无大小，尽职尽责便是一等人物。失望沮丧是人生之大敌，须终生不让其入侵。有志气者往吃苦路上走。忧患是人生幸事，但不必忧患。今天难料明天事，只好随遇而安。择交是最要紧之事，小人固当远，君子固当亲等。

每一个人总期望人生、事业一帆风顺，可是总是事与愿违：婚姻、居家过日子、做事情、人间往来等，顺境少，逆境多；满意的少，磕磕碰碰的多。因此，人们时常出现情绪不高，精神不振，甚至出现迷茫：我该怎么办？实际上出现这种情况，主要是我们想得太多。例如青年人找对象，总想相貌如何、个子多高、学问多大、家境如何等；干工作也是要找自己喜欢的，挣钱多的，领导重视的，能出成果的，同事瞧得起的……我们应该一切顺其自然，莫问收获，但问耕耘；天下事不论大小，只要尽职尽责就是好样的；居家过日子、干工作，要多想困难，多吃苦，多付出；把当前的事做好，把今天的事做好；饭要一口一口吃，事要一件一件做，不要好高骛远，不要为过去的事耿耿于怀……你没有忧虑、没有沮丧，就会过得很快活。

家庭方面

欲造优美家庭，须立良好规则。内外整洁，次序井然。长辈欢愉，晚辈和睦友爱。娶媳求淑女，勿计妆奁。嫁女择佳婿，勿慕富贵。家富提携宗族，岁饥惠济亲朋。家族成员不酗酒，不赌博，不嫖妓，不吸毒等。

家庭是大人、孩子的港湾。孩子放学了要回家，父母下班了要回家。每个人都感到温馨、感到家比任何其他地方都好，大人、孩子才乐意回家。在家里老爱幼、幼敬老，老幼充满亲情，充满幸福感；家里里外外整齐清洁，父母之间言语亲切，行为文明，处处为孩子表率，全家成员不论学习工作都积极向上。这样的家谁都爱。要营造这样的家庭环境，就必须立规矩。例如，不在家里谈论谁家穷谁家富，谁家结婚嫁女如何豪华、气魄；在家里不要大摆烟雾缭绕、酒气熏天的酒席；远离赌博、吸毒，父母在外要中规中矩、不拈花惹草等。

我们纵观历史，凡是代代有伟人彪炳史册、在群众中被拥戴的领袖人物、为国家做出巨大贡献的人和较长时期兴旺发达的望族，他们都有深厚的家庭文化底蕴，受家庭文化的熏陶。"随风潜入夜，润物细无声"，家庭文化几千年来，在一代代人的脑海中潜移默化，进行传承，成为教育人、培养人的重要教材。我们的家长要重视家庭文化，深入浅出地来教育孩子，使家庭文化助孩子德智体健康成长、成人和成材，使孩子人生旅途和事业顺利前进。

第七章　孩子成材的关键期

孩子是未来的主人，是国家的希望和脊梁；孩子也是父母的精神支柱和全部寄托。总之，社会和父母都热切盼望孩子们成为优秀人才。为此我们一定要重视和抓住孩子成材的关键期。

什么是孩子成材的关键期

孩子从幼儿、童年、未成年人到成年人，每个阶段都很重要，但每个阶段的任务不一样。幼年和童年的孩子，主要是长身体，也伴以长知识。在此期间孩子身体相对比较脆弱，容易生病；童年的孩子在玩耍中不知深浅或危险，而造成腿、臂、手指和眼睛残疾。在这个年龄段，父母和幼儿园老师一定要把精力和注意力放到孩子健康成长上，使孩子有一个健康、愉快、幸福的童年。

孩子成材的关键期指的是从 12 岁到 18 岁的年龄段。在这个时期，我们家长和学校要特别注意培养孩子知识、德育、人生观等全面发展。所谓孩子成材的关键期，并非孩子在这个时期就成材了，而是说在这个时期，孩子在体力、智力和对事物的认知上逐步具备了成材的潜质或素质，如果孩子、家庭和学校共同努力，就为今后孩子成材打下了基础；所谓孩子成材的关键期，是因为在这个年龄段的孩子，对一切事物都处于萌动状态（包括生理方面），胆子越来越大，不知道什么是害怕——特别是男孩子，什么都想去尝试一下。如果疏于教育和管理，他们容易误入歧途，好端端的孩子就丧失了成材的基础。

孩子在关键期的特点

在这个年龄段的孩子综合起来有以下特点：

1. 体力、生理上发育正在向成年人过渡，精力旺盛充沛。

2. 好奇心大、想象力丰富，人世间的事都想去尝一尝，去试一试，爱标新立异。

3. 无论在家里、在学校或在社会上，不愿意受约束，总想按照自己的想法行事。

4. 在他们的脑海里幻想多，想成为第一个吃螃蟹的人。

5. 在家里、学校或社会上，对人们正在做的事总有些看不惯，总认为不符合自己的意愿。自己的标准是什么，他（她）并不十分清楚。

6. 这个年龄段的孩子不愿意搭理人，特别是对父母，比如让他（她）干什么事情，他（她）明明听到了，就是不应声，或者半天不动。

7. 这个年龄段的孩子，逆反心理比较重，特别爱听表扬的话，不能生硬直接地批评他们，不然会和你杠起来或甩袖而去。

8. 这个年龄段的孩子，有强烈的独立倾向，不想让人过多控制，父母要学会尊重他们的独立性。

9. 这个年龄段的孩子应该已养成具有自控能力的学习习惯，对学习很有兴趣，父母就比较放心了。相反，如果这时仍需父母经常督促，孩子的玩性大于学习，在其脑海里总是想着电子游戏，问题就比较严重。因为这时的孩子，要教育和改变其观念比较困难。所以父母一定要孩子在十一二岁以前，培养其有一个自控能力的学习习惯。

10. 在城市长大的孩子，对劳动没有认识，缺乏劳动观念，对财富怎么来的不清楚，所以浪费比较厉害；父母在经济上要严一点，穿戴要朴素一点，要他们过些"艰苦生活"。艰苦可能会促使他们勤快，节俭可以磨炼他们的品质，经济阔绰容易使人变懒、变坏。

11. 这个年龄段的孩子对道德、人生、命运、两性关系等都处于朦胧状态，他们的人生观、道德观、性格、修养、心理素质等正在趋于定格阶段。

12. 对法治、对社会上的各种犯罪有初步的认识，但并不十分清楚，因此防范意识还不够强等。

……

处于关键期的孩子，要求父母、老师和社区关心他们、加强管理、正确引导，及时表彰他们中的好人好事和良好行为，及时防范和疏导他们行为中出现的不健康的思想和行为，使他们能在成材的道路上全面健康成长；相反，如果家长、学校对孩子的关心、教育和管理不到位，对出现的不良苗头置若罔闻，就会使他们走上歧途，毁掉孩子美好的未来。

正确教育让孩子成材

所谓孩子处于关键期，就是说孩子处于不稳定状态。如果父母、学校、社会正确引导，教育及时，方式方法得当，孩子又有积极向上的要求，就一定会成为优秀的孩子；相反，如果孩子有些不良的品质与行为，父母又疏于管理和教育，或者方式方法不当，就容易滑向犯罪。在这个年龄段的孩子，手里不能有多余的钱，钱适度是福，过度就是祸。青少年最容易发生的犯罪是：结伙滋事，扰乱治安；打架斗殴；传播淫秽读物；亵渎、强奸、轮奸、卖淫活动；沉迷网吧、赌博、吸毒、诈骗等。犯罪的前兆就是放学不回家，在外流浪，吸烟、酗酒、霸道、调戏或侮辱女孩等；有个别女生爱打扮、追逐时尚、择友不慎重、迷恋舞厅、性行为随便等。

为正确引导教育关键期的孩子，父母在心里要老想着、眼里要老注意着孩子，但是要保持适当距离，不要侵犯孩子的合法权益和隐私，牢记自己的责任。要关注他们的生理、心理和行为等状况的变化。父母老师要以健康的思想、良好的品行去影响、去感染他们，使孩子对父母或老师产生亲切感和信任感。这是父母或老师对孩子教育能够取得效果的前提。如果父母或老师是孩子心目中的榜样或偶像，这种形象教育可能比任何其他方式教育都更有影响力。

未成年孩子对许多事情都有他们的看法，父母或老师不要总要求他们和自己的看法一致，只要在行动上没有做出违反公共道德、国家法律、学校纪律和妨碍他人，就不要去指责。如果认为需要帮助，也要找适当场合、用恰当的方式把我们的想法传达给孩子。亲情和恰当的方式是取得效果的金钥匙。这个年龄段的孩子最烦父母不停地唠叨，最恨父母跟踪他（她）或监视他（她），孩子的隐私如他们写的日记不要乱翻看。要学会尊重孩子的权利和其独立性。

这个年龄段的孩子虚荣心极强、爱面子。应该多看到他们的优点和长处，多表扬、多鼓励，保护他们的积极性，使他们建立自信心。这个年龄段的孩子已有相当的文化、阅读能力和理解能力，他们大多数都有理想、想出人头地，应该向他们推荐励志方面的书籍、成功的人和事等。他们常常会有在大人看来不切合实际的幻想，或说话不知天高地厚的情况等，都不要去说这不对那不对，说不定这正是孩子创造性的萌芽。科幻小说写的东西，相当一部分都被后人变成现实了。

对这个年龄段的孩子要培养他们的良好道德行为和习惯，培养他们的法律意识，懂得行为准则和法律底线。进行这方面的教育也要注意方式方法。例如，今天报纸有未成年人或青年人犯罪的消息，父母就可以在大家吃饭的时候给大家说：你们知道今天发生了什么事吗？趁机给大家讲讲，这要比专门给孩子讲效果好；在报纸上有青少年的模范事迹、做善事的好人好事等也可利用上述场合给大家说说。通过这种不经意的方式，天长日久潜移默化，孩子就会建立道德意识、道德律己和法律习惯。

父母要尊重孩子的选择，尊重孩子的独立性，不能包揽该孩子自己决定的事情；该注意的事情给孩子说过了，不要总唠叨。父母过多侵犯孩子的尊严和独立性，后果会很严重。例如北大毕业留美学生王某某，六年前和父母"决裂"、十二年不和父母来往。后来写了万字长文数落父母，控诉父母"控制与伤害"，发布在网上，引起广大青年学生和网友的共鸣和热议。抛开这起亲子冲突事件中的是非曲直、孰对孰错，我们暂不评判。起码父母要想想在孩子成长过程中，有哪些教育方式方法不妥？王某某在万言书中说："我是独生子，是男孩……我没上过托儿所……我三岁时母亲让我穿裙子，把我打扮成女孩……不能接纳男孩的刚强、自主等气质……我母亲一直倾向把我关在家里，喜欢包办事情，做得太过分时甚至和我父亲多次争执……一次班级文艺演出，班主任要学生穿及膝短裤，而我母亲不由分说逼我穿长裤，我提出带上短裤备用也不允许……"父母要尊重理解孩子的诉求，不能剥夺他的一切，我们可以想象王某某在写万言书时，一直在回忆他成长过程中的痛苦……

俗话说，"自古英雄出少年"，充分说明青少年是成材的关键期。在此期间，父母要做孩子成材的坚强后盾，正如奥巴马对孩子所说的："如果我不能确保你们此生能够拥有追求幸福和自我实现的一切机会，我自己的生命也没有多大价值……"父母看到孩子的健康成长和进步，一定很高兴，这种高兴应让孩子感受到，这会对孩子产生巨大鼓舞；相反，父母对孩子的进步视而不见，孩子就认为父母不关心自己，这会严重打击孩子进步的积极性……当北京市中级人民法院宣判青少年×某某的时候，不管×某某的父母曾经有过多大成就，在这一瞬间都失去了光鲜。成材的孩子不仅使父母有成就感，而且也是父母事业成功的巨大支持。从发展角度说，孩子的成功比父母自己的成功更重要。

孩子在初高中和大学生阶段是为其成材打下科学知识基础的重要时期，特别是高中和大学的孩子们，一定要认识到时间的紧迫性。大书法家颜真卿说："黑发不知勤学早，白首方悔读书迟!"大哲学家朱熹说："少年易老学难成，一寸光阴不可轻!"大作家雨果说："谁虚度年华，青春就要褪色，生命就会抛弃他们!"

培养孩子学会思考

在成长关键期的孩子，如果学会思考就有条件成材，就有希望成材。会思考的孩子，父母放心，因为他（她）会辨别是非和好坏，在遇到问题时会想出办法。思考是有智慧的表现，思考的力量就是开发孩子的智慧。在孩子关键期父母要特别注意培养其思考能力。

"学而不思则罔"，家庭教育、学校教育和其他教育的唯一目的就是教育孩子学会思考。我们教育孩子的立身之本，就是让孩子具有独立思考精神。

不管未成年人或成年人，学会思考是重要的。一个人会思考，内心才充实，才能精神饱满和充满活力，才能把握方向不会走错路。我们看一个孩子或一个人，聪明不聪明、有没有智慧和潜力，主要看他的思维能力强不强。父母要特别注意培养孩子学会思考，给孩子创造思考的环境和空间。我们常说某某人能力强，主要是他的思考能力强。只有思考才能抓住事物的本质，才能拿到解决问题的钥匙。会思考的孩子才是一个最具有潜力的孩子。正如巴尔扎克所说："一个有思想的人，才是一个力量无边的人。"

IBM 公司总裁托马斯·沃森认为，该公司的成功，主要是靠全体员工的善于思考。在 IBM 所有厂房和办公室内部都挂着写有"思考"两个字的牌子，让人们提醒自己思考是最重要的。我国著名数学家华罗庚说："独立思考能力是科学研究和创造发明的一项必备才能。在历史上任何一个较重要的科学上的创造和发明，都是和创造者独立、深入的思考分不开的。"教育家布罗纳对哈佛大学的教育概括如下："学生一进来，就对他们说，听着，你们到这里，不是来发财的，你们到这儿来为的是思考，并学会思考!"由此可见，思考就是力量! 人类的每一种成就，每一种进步，都源于思考。人类若失去了思考，便丢失了整个辉煌的历史。

世界上的成功者都是一些善于思考的人。比尔·盖茨、马云等，他们的伟大成就和成功无不是建立在出类拔萃的思考之上取得的。比尔·盖茨十几岁的时候，母亲叫他吃饭时，总是置若罔闻，甚至整日在他的房间里不出来。父亲问他躲在房间里干什么，他总是这句话："我正在思考!"有时他还反问父母："难道你们从来不思考吗?"

父母怎样培养孩子学会思考的习惯呢？可从以下几方面着手。引导孩子独立思考：孩子遇到问题时，总是希望父母、老师直接给出答案。此时，不管多么简单的问题，父母也要说让我想一想或者说这个问题我相信你一定能想出答案，或者启发孩子去查找一下他学过的资料；启发孩子对事情多想、多发问。有时孩子提的问题很奇怪，也不要批评和责怪，引导他学会发问和提问题。只要孩子多发问就证明他的大脑思维很活跃。如果孩子每天都能用十几分钟想一两个问题或提出一两个问题，久而久之就能养成独立思考的习惯。要培养孩子的探索精神和推理能力。孩子有时对一些事特别好奇，常常向父母没完没了地提问题，实际上这是孩子的探索精神，我们要支持、要爱护，不要泼冷水。家里的设备孩子有时会拆得七零八落，父母不要生气，这是孩子在探索其奥秘。比尔·盖茨就是从拆解一台旧电脑开始，而成为电脑界巨擘，使电脑小型化走入办公室和千家万户。孩子常常"异想天开"，是好事，要鼓励。人类不断进步、科学迅速发展、新事物层出不穷，都是人们不断"异想天开"的结果。例如有一个人养青蛙发大财，并带领全村致富。他养青蛙与别人不同，不用水，在干池子里养，成为"青蛙大王"。有一个人在水池里养的青蛙得了歪头病，眼看就不行了，请专家看怎么治，专家束手无策。他去请教"青蛙大王"，他看后说：你把池里的水放干，使青蛙在太阳底下暴晒就好了。青蛙暴晒之后歪头病果然好了。一些发明就是靠突发奇想实现的。培养孩子的推理能力是思考能力中又一个重要的方面。为培养孩子的推理能力，父母可用孩子身边的事去启发他们，例如孩子为什么要上学读书，孩子长大以后想干什么，为什么要做一个好学生，为什么要向英雄模范人物学习，等等，在父母引导下让孩子去展开推理遐想……

　　培养孩子学会思考、具有推理能力和积极探索精神，是孩子未来成材和事业成功的必备要素。思想家帕斯卡尔认为："**我们的全部尊严就在于思考。**"思考是人最宝贵的特质，是人最根本、最重要的能力。不善于思考的人将一事无成。

第八章　呵护好孩子成材的载体——生命

呵护孩子成材的载体——生命，是父母、学校和孩子自身最最应该关注的一件大事。

为什么提出这个问题

每个人来到这个世上，都是偶然的。你的生命一旦诞生了，你就成了这个世界的主人。你自然而然就负有建设这个世界、改造这个世界和美化这个世界的使命；你就负有成家立业、尊老爱幼和养老的责任。这就是人类生命不断延续的真谛和缘由。但是当今世界上，有个别青少年或青年人和成年人由于承受不了学习的压力、失恋的压力、工作的压力、事业上的失败、孤独或自闭症等，走上轻生的道路。2014 年世界卫生组织发布的报告指出，全球每年有 80 多万人轻生，按照这个比例我国每年也有几万乃至十几万人走上这个道路。所以这个问题，我们不能不面对。

呵护好孩子成材的载体——生命的意义

每一个青少年都是一颗饱满的种子，你自己要呵护它，父母要呵护它，全社会要呵护它，因为它能长成一棵参天大树，因为只有它能把未来的大厦——国家支撑起来。孩子想成材、要成材，必须有强健的身体与顽强的生命。实现中华民族伟大复兴梦，它不是一句口号，它要使中国发生天翻地覆的变化，唯有一代代中国人民辛辛苦苦、不分昼夜的奋斗，才能变成现实。

我们再回到现实生活中来。在学习、工作、恋爱、家庭、上下级关系、人与人之间的关系中，困难、矛盾、失败、斗争，无时无处不在，有时压得我们喘不过气来。本来这是正常的，但是意志薄弱、生命脆弱的人就承受不了，而出现垂头丧气、悲观失望，想以死来解脱。有这种想法的人，在采取行动之前，我们奉劝他想想，生命属于你只有一次，一旦失去了就再回不来了；你来到这个世上，风风雨雨长到十几岁、二十几岁，容易吗？你自己、你的父母、你的老师，还有关心你成长的人，付出多少努力、多少爱；你高中毕业马上要考大学了，你大学毕业马上要走上工作岗位了，你铆足了劲儿，在你人生征途上准备大干一场；祖国的强大、国家美好的未来，正要你去尽一份力量和去享受有你一份劳动所创造的美好生活……这正是我们呵护孩子成材的载体——生命的意义所在。

生命属于你，但又不完全属于你。从一代又一代人使命的意义上来说，你的生命属于家庭和社会，或者说属于国家。现在的青年人都接受国家十几年或二十几年的教育和一些专门培养，已有了本事和成材的基础，你生命的价值有很高的含金量。你自己、父母、社会呵护一个人的生命，既是为每一个人，又是为集体、为国家。因为培养出一个含金量高的生命，是包括个人在内的众多人共同努力的结果。呵护好每一个人的生命，上面的理由还不充分吗？

怎样呵护好孩子的生命

呵护生命的意义一目了然。尽管父母、学校和有关组织，天天关爱着每一个青少年的生命，遗憾的是，每年还是有青少年轻生的事件。《中国青年报》记者孙庆玲曾把草木凋零的秋天喻为"自杀季节"。在"孩子成材关键期"一章里，列举了这个时期孩子的特点，他们有许多困难、想法、问题，其中有些孩子善于和父母、老师交流，问题就解决了；有一些个性内向的孩子不太爱和别人交流，他们想不通的事就憋在心里，越憋压力越大，久了就容易出问题。对大学生而言，自杀或因一时鲁莽冲动，或是负能量蛰伏已久的致命爆发。

怎样呵护孩子的生命，世界所有学校，尤其大学极为重视，高校为避免此类事件的发生，在不断寻找解决办法。例如设立心理课、心理医生、心理辅导班等，引导大学生探寻生命的本质。方法不尽相同，方向却是让生命远离自杀陷阱，即要面对如何"活着"；呵护生命就是不论在什么情况下，都不要冲动，不要走向极端，要冷静。不管父母在讲，还是老师在讲，重要的是让学生喜欢，听进去。只要让孩子或学生们感觉到你在心理上与他们接近，你所做的工作就对路子了。这一点不容易，需要下些功夫。"功夫"归结为四个字：**"人文关怀"**。要尽可能让学生在成长中享受亲情、友情、物质等，尽可能在日常关怀、服务学生的前提下，铲除产生极端事件的土壤。

应该如何开展生命教育

如今国内外的大学都很重视生命教育课，其目的是要回归生命本身，以"人"为本，让每一个学生都成为更好的健康人。在美国耶鲁大学开设生命教育课，在课堂上向学生讲授哲学问题——人是什么？人是怎样的一种实体？自杀是一种非理性、非道德等。讲人生哲学的目标不是要找到一个普适的绝对真理与答案，而是在探寻真理的过程中找到独属于你自己的生命信念。

中国科学院大学心理健康教育中心主任肖斌认为，生命教育课不仅仅是不要学生出问题，而且是要丰盈学生的生命，拓展生命的宽度，如学生的兴趣、爱好，并延伸生命的深度，引导他们建立自己的信念、理想。这不仅仅是学校，父母、社会也都应共同参与。

生命教育是一个系统工程，课堂教育是重要部分，但是良好的师生关系、校园气氛、家庭气氛、社会支持等都不可缺少，形成对生命的多维呵护，使学生或孩子们感受到亲情、关怀、温暖，使他们生活内容丰富，精神愉快，活得很幸福、很有意义，使他们感到生命是可贵的，应该好好珍惜……

第九章　教育孩子学会做人的艺术

人的一生要想多做事，做成事，把事情做好，把事情做大，首先要学会做人的艺术。做事是艺术，做人是更高的艺术。孩子学会了做人的艺术，就有成材的资本，事业才能顺畅、成功。

做人的重要性

要使孩子成材，不能光是学习好，经常考第一。我们看到一些孩子学习成绩相当好，但毕业后找不着工作；还有学习成绩很好的人，在单位里不受同事和领导的欢迎。原因可能是多方面的，但做人没做好也是一个重要原因。

我们做父母的，光有使孩子成材的强烈的愿望是不够的，还要注意使孩子具备成材的条件。其中最最重要的是使孩子认识到做人的重要性，不会做人、不掌握做人的艺术，你成不了材，即使有材，材也发挥不出来。我们常说某某满腹经纶，一辈子都烂到肚子里，就是这个意思。要使孩子认识到，自己的知识要变成精神财富或物质财富，才有价值，这就需要有知识变成财富的手段或途径。学会做人，才会有更多的机会把你的知识变成财富。有个别大学生中途无缘无故退学不学了；有个别大学生工作中和领导闹了别扭，自己就辞职不干了等，这都是不会做人的结果。所谓会做人就是在和不同的人相处的过程中，能处理好各种各样的矛盾。人缘关系理顺了，融洽了，自己心情就好，就能愉快工作。

做人的重要性，首先父母要检查自己做人的情况，有何经验教训，然后才能指导孩子。父母现身说法对孩子进行教育指导，会更有说服力。做人的重要性不是每个高中生、大学生都想过的。同学之间和师生之间产生一些矛盾，心情不愉快，他（她）会跟父母发牢骚说张三不好李四不对，而不会说自己不对。父母要和孩子一起探讨，让孩子说别人不对在什么地方，然后让孩子从自身找找有没有不对的。要启发孩子多发现自己的问题，借此使孩子认识怎么做人和做人的重要性。

人的一生，大部分时间都是在做人，只有一少部分时间是在做事。只有会做人，掌握做人的艺术，才会有更多的时间去做事，才能把事情做得更好。高中生、大学生们，尽管心中有人际关系上不愉快的事情，不一定会认识到是不会做人的问题……父母可用身边会做人的典型例子，以故事的方式讲给孩子听，使孩子加深印象，懂得如何做人；对即将走上工作岗位的大学生来说，这个问题比较迫切。做人的艺术、做人的重要性对一个人的事业、前途、命运，甚至对未来恋爱和建立家庭都有影响……

做人的艺术

做人的艺术，实际就是会做人的艺术。只要是艺术，都需要经过雕琢；没有雕琢，就没有艺术。树根、石头等经过艺术家巧夺天工的手，用刀子、凿子精工细作，使它们变成人们精神享受的艺术品；一个跳舞的小女孩或小男孩，要靠老师精心指导和他们不分昼夜的苦练，所谓雕琢，最后才有可能成为一个舞蹈家。做人的艺术，就是人要对自己的思想行为进行雕琢，雕琢之后使自己成为一个会做人的人。

做人的艺术之目的，是为孩子自己好。孩子在以后的人生路上，事业有成，能承担重任和重责；心情舒畅、家庭婚姻幸福美满；有朋友、待人处世得心应手；少犯错误、少走弯路，确保孩子不失去一个成材的机会……

学会做人，要**人品为先，才能为后**。一个人品好的人，应该做到**真诚、诚信、豁达、宽容、不自私、不计较、信守承诺、敢于担当、积极热情、沉着冷静、低调做人、与人为善等**。没有这些做基础，做人的艺术就无从谈起。父母要用不同的方式方法让自己的孩子在这些方面，来审视和雕琢自己，虽然对青少年不能有太高的要求，但必须让他们有这方面的基本素质和意识。

让孩子提高做人的艺术

在提高孩子的做人艺术方面，父母的重视和努力，应该不亚于对孩子学习的重视和努力。父母关心和培养孩子做人的艺术，主要通过正反两方面的典型例子，以讲故事的方式进行，不占孩子多少时间，如培养孩子诚信，就给孩子讲华侨陈嘉庚的故事。陈嘉庚在接他父亲生意时，父亲外面欠债三十万元。按照当地法律规定"父债子不还"。可是陈嘉庚认为做生意谁都不容易，他坚持要还父亲欠下的债。这一事件轰动了当时东南亚商界，说他有诚信，都争着和他做生意，他的生意一下火起来了。这就是陈嘉庚会做人。**人们相处都强调心诚、以诚待人、以利让人、以礼予人，别人才愿意接近你，愿意和你交朋友。**

做人的艺术的另一个重点是豁达、开朗、包容。古语云："让一让，三尺巷。"**豁达、开朗、包容的人能化解各种矛盾，或者说他不把人间发生的磕磕碰碰的事看得那么重，能咀嚼消化。因此，他活得最愉快，睡得香，健康长寿。**心底狭窄，斤斤计较一句话和芝麻粒大小事的人，是痛苦和可悲的。唐朝著名有才华的诗人李贺，当时大名鼎鼎的诗人韩愈都很器重他。但是李贺的致命弱点就是不开朗，不能包容他人，一件小事非要争个高低不可，没有朋友，孤独郁闷。27岁大好年华的他，却抑郁而死，成为我国文学史上的一大憾事。

父母要观察孩子的行为，是否大方，是否乐意帮助人。这一点对做人很重要。要使孩子向善、做善事，不自私、没有占有欲。大方的人才有出息，才能成大器。因为想占小便宜的人，他根本不往远处看，只看眼前的一小片地方。古代有这么一个故事，地主对想有地的一个人说：这方圆数百里都是我的地，你早上出去跑，跑一个小时你插上一根旗杆，这地就归你……天黑以前你回来，所有你插旗杆的地就都是你的。这个人说，你说话要算数啊！地主说，我写个字据给你。那个人拿着字据就出发了。他跑一个小时插上一个旗杆……太阳还有一竿高插上最后一个旗杆。他急忙往回跑，争取天黑前回到原地。天黑前他确实回到原地。他刚给地主说他插了多少……话还未说完，就躺地上起不来了，一命呜呼！一位牧师在他躺的地方画了一个比身高体宽多一点的长方形，然后插了一长条木板，上面写了几个字：他只需要这么大的地方。**贪婪是做人的大忌**，孩子从小就让他们记住这个故事。

父母要培养自己的孩子**学会谦虚、谨慎、戒骄戒躁**。不管自己的孩子多聪明，**学习成绩多么好**，都要让他们知道人上有人，天外有天。骄傲自满、唯我天下第一，这样的人定惹大祸。如前所述，北京学霸卢刚同学就是活教材。还有某高中一位学生即将参加高考，班主任说该生在校学习成绩不错。有一次他的妈妈看见他在玩电子游戏，走到他身边突然把电源线拔了，这时，孩子一气之下拿刀向妈妈砍了几刀，顿时妈妈血溅满身。当然，妈妈这种做法不对，但是，孩子再气也不能拿刀砍人。

以上几个小故事，虽然是个别现象，也向父母敲起了警钟，对孩子进行做人的教育、做人的艺术的教育，不能忽视。

第十章　教育孩子学会说话

很多父母不把孩子学会说话当回事，事实上这关系到孩子未来的诸多方面。

会说话的重要意义

我们可以想象，孩子们如果拥有做事和说话的技巧，能和同事、领导和谐相处，与人有良好的交流，孩子父母该是多放心、多高兴啊！反之，他们对工作环境不适应，矛盾丛生，常向父母诉苦，这不如意那不如意，总是说"我不想干了"等，孩子痛苦父母也痛苦。我身边就有一个例子，一个女孩从某医学院毕业后分到一个县医院工作。在该医院工作不到两年，不干回家了。父母、丈夫和亲戚朋友都劝她回去，就是不回去，就这样在家待了起来。为什么辞职呢？据她说，因某件事和领导吵了一架……这就是不会说话不会化解矛盾的后果。整天待在家里，她愁不愁我不知道，但我可看到她父母一提起这事就伤心落泪。父母省吃俭用，辛辛苦苦培养了一个大学生，整天待在家里父母能不痛苦？！她的丈夫在外地工作，起早贪黑，多想让妻子工作，一方面减轻他一点负担；一方面使妻子生活内容丰富些，过得快活些。

如果我们的父母或学校老师，不时地对孩子进行学会说话的教育指导，让他们具备一些说话的本领与技巧，就不会出现上面的情况。当前主要问题是父母和孩子没有把学会说话视为问题，对它的意义认识不足，总认为谁不会说话！

人来到这个世上，不管你的能力大小，为了生存、养家糊口，总要工作。试问为什么会出现啃老族的成年人？而且要啃到什么时候，这些啃老族的父母准备怎么办？这些孩子你为什么不出去工作、自己养活自己？为此又要问问父母，在孩子还是青少年的时候，父母对他们做了些什么教育？这些孩子不是残疾人，为什么不工作？原因很多，懒惰是一方面，不会和大家交流、自卑孤独是主要的。为什么会有一些孩子泡在网吧？因素固然很多，但自卑孤独，不善于和同学接触、交流也是重要原因，如不及时挽救，久而久之将患上自闭症……

现在是市场经济，你有多大本事，你会干什么，全靠自己推销自己，全靠你在面试中展现自己，这就要会说话。我们常常看到学习不错的同学求职困难，而学习一般的同学却顺利地找到了工作。问题就出在你在面试中会不会推销自己，是不是把该说的话都说出来，说到点子上，无关的话、不该说的话不要去说。有一些学子很傲气，说什么"我是找工作，为什么要求他，他要就要，不要拉倒……"不是求谁不求谁的问题，你是找工作，有单位要你，你才有工作机会。当你没有资本、没有项目，你还没有自己创业能力的时候，你就必须先找个单位工作……

人生路上充满自我推销。如果你想使自己的事业取得成功，实现自己的理想，你就必须学会推销自己。在当今竞争激烈的社会里，一个善于自我推销的人，几乎可以做好任何东西的推销。**一个人想轻松地得到一份理想的工作，这在很大程度上取决于自我推销的能力。所谓推销就是说话，你的本事通过说话让对方知道。**

要学会 "会说话"

会说话的孩子，父母、老师和外人都打心眼里高兴、喜欢。父母要及早培养和引导自己的孩子学会说话。有礼貌是会说话的起点和前提。礼貌在先，你说话人家才注意你；有礼貌的人受人尊敬，人家才爱听你说话。没有礼貌的孩子，学习再好、再聪明也不会有好前途，成不了大器；谦虚谨慎是会说话的另一个标志。父母要培养孩子，特别是年龄大的孩子，即将要工作了，一定要学会谦虚谨慎。有些孩子爱说大话和空话，爱吹牛。有这种习惯的孩子是没有人喜欢、没有前途的。谦虚谨慎的人说话靠谱，人家爱听，人家相信；会说话的孩子，会看场合、会看对象。这一点对即将走上工作岗位的大学生，尤为重要。不该说的场合就不要说，能少说的不要多说；说话要看对象，同一件事情说给不同的人，表达方法是不一样的。不看对象，千篇一律地说，再好的话不但没有好效果反而有坏效果。会说话的人，从不多言、不好辩。多言好辩之人，必带有傲视之情，听者必然产生反感。历来有"一言兴邦，一言丧邦""多言好辩惹祸端"之说。小孩都知道历史上孔融让梨的故事。可是就这个孔融不谦虚谨慎，多言好辩，不分场合，公开顶撞曹操，惹怒了曹操，结果被杀；英国作家萧伯纳很有才华，但年轻时候盛气凌人，常常讽刺挖苦别人；他很幽默，但他常取笑别人。大家相聚，只要萧伯纳一来，要么散去，要么谁都不吱声，他成了孤家寡人。当有朋友指出了他的毛病后，他痛下决心，改正了不尊重别人、傲气的毛病，其后，他的才华得以充分发挥，成为世界著名作家。

会说话的人才能把事情做好

做大事的人都会说话，做大事的人大部分时间在说话。试问一个人对不明白的事，提不出问题，或提的问题人家听不懂，你能把事情做好吗？如果你当个领导，给大家作报告，抓不住要领，讲了半天，大家不知道你讲的什么，这样的领导能做大事吗？会说话的人能把复杂的事或问题，简单明了地给大家讲清楚，听者觉得这就是他想听的，有收获。你说的话是不是说到点子上，大家爱不爱听，你看听众的情绪就知道了：聚精会神，眼睛都聚焦到你身上，说明你讲到大家心里了，和你产生共鸣了；有的交头接耳，有的酣然入睡，说明你要么没讲到点子上，要么你讲的不是大家所关心的。

不会说话是指他有学问，所谓满腹经纶，但"茶壶里煮饺子"倒不出来；他有学问，但逻辑性差，抓不住要点，问题讲不清楚。这两种人都不能当领导（适于做具体工作），都不能做大事。会说话的人，他说话不仅有逻辑性，而且有号召力，有鼓动性；他说话不多，几句话就能把听众情绪和积极性调动起来，几句话大家就心领神会了。

会说话在职场也极为重要，你有业务能力，又会说话，肯定会得到领导的赏识和重用，你的才能不仅得以充分发挥，你的人生也会光辉灿烂。

父母要关心和指导孩子学会说话，孩子自己也要重视和锻炼学会说话。

第十一章　教育孩子学会做事

父母想使自己的孩子成材吗？你们想使自己的孩子做一番事业吗？那你就要重视培养自己的孩子学会做事。

什么叫会做事

想做事，能把事情做成、做好，这就叫会做事。要使孩子学会做事，首先父母要求自己的孩子不要懒，要他们思想勤、手勤、腿勤，这是做好事的前提。在孩子青少年的时候，父母就要对其进行勤劳、勤快教育，这不仅是孩子应该具备的品质，而且从童年开始就要逐步养成勤劳、勤快的习惯。一个勤劳、勤快的人是最受欢迎的人，大家都愿意和他共事，都愿意指导和帮助他。一个单位、一个团队最需要一批勤劳、勤快努力工作的群体。最令人讨厌的是懒人，父母千万不要使自己的孩子和"懒"字挂上钩，在市场激烈竞争条件下，懒人是没出路的。

父母从家庭生活小事上，对孩子进行**"做好每一件小事"**的教育。在现实生活中，有一些人大事不会做、小事不愿做。年轻人想做一番事业是可以理解的，而且应该支持，但是应该让他们明白大事情是由无数个小事集合而成，正如很多人往往只看见大楼，而没有看见它是由无数根钢筋和无数块砖构建而成，先有钢筋和砖，后才有大楼。

我们的家长应该记住海尔总裁张瑞敏的名言："**什么是不简单？把每一件简单的事情做好就是不简单；什么是不平凡？把每一件平凡的事情做好就是不平凡。**"这句名言意义是很深刻的，家长如果理解并认同了，就要利用身边发生的一些小事经常给孩子灌输这个道理，一旦孩子明白了，对他们未来的工作、事业、人生会产生非常重要的影响。

会做事的人应具备的基本素质

我们的各种职业学校和大学的学生，都渴望自己成材，使自己的人生过得充实、有价值。这是包括父母在内的所有人的期望。青年朋友们应该明白，你们这种渴望要变成现实，就必须要求自己具备把事情做好的基本素质。这些基本素质是：**在工作中敢于承担责任、专心致志做好每一件事情、做事不找借口、在困难面前不畏惧不退缩、做大小事情都有恒心做好等。**有了这些素质你就有机会做更多、更大的事情。

敢于承担责任

敢于承担责任的人，就会以高度负责的精神去做事，才会很投入、很认真地去做每一项工作，不管工作中出现什么问题都敢于担当。这样敬业的人别人才尊重、领导才信任；这样的人才有可能被赋予重要使命，才会有广阔的发展空间。

在市场竞争激烈的情况下，敢于负责、敢于担当的人才会受到老板的青睐。例如，有一家公司要招聘一名部门经理，经过几轮筛选，现在剩下三名。公司总经理决定在自己办公室由他亲自进行面试。总经理笑着对三名应聘者说："麻烦你们帮个忙，把这个茶几移到那边的角落去，小心茶几上的花盆，那是贵宾送的呀！"恰在此时秘书给总经理说，外面有人找他。总经理对三人说："你们干吧，我去一下就回来。"

三人认为这是表现的好机会。茶几很重，需三人合力才能移动。当三人把茶几移到总经理指定的地方时，那个茶几不知怎的，一只腿折断了，茶几一歪，上面的花盆便滑落下来，摔碎了。突如其来的变故，三人全惊呆了。在他们目瞪口呆、不知所措时，总经理回来了，看到发生的事情，非常愤怒，对他们三人吼道："你们知不知道你们干了什么事！这盆花你们赔得起吗?!"三人中第一个应聘者似乎不为总经理的强硬态度所吓倒，说："这不关我们的事，我们不是你们公司的员工，是你叫我们帮忙搬茶几的。"他对总经理不屑一顾。第二个应聘者却讨好地说："我看这事应该找茶几生产商，生产出质量这么差的茶几，花盆也应该找他们赔！"总经理把目光转向第三个应聘者。第三个应聘者态度诚恳地向总经理说："这的确是我们移动茶几不小心弄坏的，如果我们非常小心移动茶几，脚腿不会折断，花盆也不会落地……"还没有等他说完，总经理怨气已消，面带微笑，握住他的手说："一个敢为自己过失承担责任的人，肯定是一个值得信赖的人，我们需要你这样的员工。"

父母对自己即将毕业的孩子，要让他们懂得世上人无完人，金无足赤。凡人做事，哪有不犯错误的？做事越多，犯错误的概率也越多。让孩子明白，人犯错误并不可怕，重要的是犯错误后敢不敢承认错误，敢不敢对错误的后果负责，敢不敢勇敢地纠正错误！

青少年朋友，可能你正在学习，你真正的人生还没开始。以后你会明白，在人生道路上要做许多事情，每时每刻都不缺乏人生最重要的品质——敢于担当，敢于对事情的后果负责。你有了这种品质，不管你过去工作中出过多少错误，人们都会原谅你，都会敬重你，领导都会把最重要的工作交给你。

专心致志做好每一件事情

俗话说："一心不能二用，一目不能两视。"只有专心致志、一心一意才能把事情做好。事情不论大小都要这样做。在这里我讲一个小故事：古时有一个棋手叫弈秋，他的棋下得很好，棋技很高。他很怕他的棋技失传，想找几个徒弟跟他学下棋，把棋技传承下去。恰巧有两名年轻人慕名而来，拜弈秋为师。弈秋非常认真地给他们详细讲解棋艺，并分别跟这两个年轻人对弈，一步一步地手把手地教他们。两个年轻人，其中一个听课认真不时记笔记，下棋也认真，每走一步都问老师为什么这么走；另一个表现看似认真，实际上思想不集中，上课时常常走神往窗外看，老师教他下棋，他心有旁骛，不注意看棋盘……弈秋老师课讲完了，教他们下棋的练习也做了，就让这两个年轻人对弈。开局后不久就见分晓：一个年轻人从容不迫、能攻能守，另一个则手忙脚乱，没有章法。弈秋对棋艺差的年轻人说："**你们俩一起听我讲课，他能专心致志，而你呢，心不在焉。**"

青少年朋友，其实世上大多数人在天资上相差无几，可是为什么在学习、工作、人生道路上，人会有那样大的差别呢？没有太深奥的道理，就看你时间抓得紧不紧、思想集中不集中、有没有持之以恒！常说"笨鸟先飞，龟兔赛跑龟取胜"。这就是成功的秘诀。黑格尔说："**只有长期埋头沉浸于某工作，方可望有成就**!"马克·吐温说："**人的思想是了不起的，只要专注于某一项事业，那就一定会出现自己感到吃惊的成绩来!**"

孩子的父母，你们都知道："**针能刺物，是因为把力量集中到针尖上；刀能切物，是因为把力量集中在了刀刃上；光能燃纸，是因为光束聚焦在一点上；滴水能穿石，是因为水滴一直滴在一处。**"没有专心

就没有成功。希望父母要把这个道理多给孩子讲讲。

做事情不找借口、困难面前不退缩

青少年朋友，每一个人都想学一个专业，将来就干本专业的工作。事实上相当一部分人不能如愿；人都喜欢干自己喜欢的工作，可是许多工作需要有人去干；人都想在条件环境好的地方工作，可是国家这么大，每个地方都需要有人去；人做事情都希望当主角，不愿意当配角……做事情想找借口不去做，到处都是借口。实际上找借口的人就是没有事业心，没有责任感。责任感是孩子走上社会的关键，是做事之本。即将走上工作岗位的每一位青年，在接受任务时，就要对自己说："**我要负起责任，不把问题留给别人。**"

摒弃借口，不找借口是做事的一项基本的原则，也是把事情做到最好、善始善终的最重要的前提。下面讲一个不找借口、不怕困难、千方百计完成任务的典型故事。

故事："把信带给加西亚"的人——罗文

附录：把信带给加西亚

在一切有关古巴的故事中，有一个人最让我忘不了。

当美西战争爆发后，美国必须立即和西班牙反抗军的首领加西亚将军取得联系。加西亚将军隐藏在古巴的深山丛林中——没人知道他的确切地点，因此，根本就没有办法写信或打电话给他。美国总统麦金利先生此时亟须得到他的合作。

这将如何是好呢？

有人对麦金利总统说："有一个叫罗文的人，他会有办法找到加西亚，也只有他才找得到。"

于是，他们把罗文找到，交给他一封写给加西亚将军的信。至于那个叫罗文的人是如何拿了麦金利总统的信，把信装入一个油布袋中，将它别在胸前，划着一只小船于四天后一个夜晚在古巴弃水登岸，消失在丛林中；接着，在三个星期之后，罗文从古巴另一端出来，徒步走过这个危机四伏的国家，把那封信交给了加西亚将军——所有这些细节都不是我想说明的，我要强调的重点是，麦金利总统把一封写给加西亚将军的信交给了罗文，而罗文接过信后，并没有问"他在什么地方"。

这篇短文作者是阿尔伯特·哈伯德，最早发表在 1899 年的 *Philitine* 杂志上。后来几乎被译成所有的语言，在世界各国广为传播。在日本几乎每人、在俄罗斯几乎每一位士兵都拥有这篇短文。

美国著名的心理学家、人际关系学家、20 世纪最伟大的人生导师戴尔·卡耐基说：**"像罗文这种人，我们应该为他建造永不腐朽的雕像，将它放在每一所大学里。年轻人所需要的，不仅仅是书本上的知识，也不仅仅是聆听他人的种种教导，而是要培养一种敬业精神，对于上司的托付，应马上采取行动，全心全意地去完成任务——像罗文那样，把信带给加西亚。"**

我们应该钦佩的是那些不论老板是否在办公室，都能够勤奋努力工作的人；我们同时更钦佩那些能够"把信带给加西亚"的人——他们静静地把信拿走，不提任何愚蠢的问题，也不会存心随手把信丢进水沟，而是不顾一切地把信送到。这种高度敬业、在困难面前永不退缩的人，不论在什么地方，不论干什么工作，都会受到高度重视和欢迎。

做大小事情都有恒心做到最好

青少年朋友，你们即将开始工作，你们对工作、怎么做好工作，并没有太多的印象。但这里所讲的事，主要是让你们提高对做事的认识，培养做事的素质。你们到了工作岗位后就会发现，做大小事都有恒心做到最好，是一件不容易的事。如邮差把信件及时准确寄送到收件人手里，如会计员把每一笔收支款项都及时准确计入账本上，如菜农、花工培育各种各样的蔬菜和花卉……这些事情看似简单，实际上不简单。水稻专家袁隆平一辈子选种、育种，使水稻年年高产，由最初的亩产数百斤到现在的上千斤；荷兰有一位老人，用了三十多年培育出了黑如墨团的黑郁金香，驰名世界；美国联合递送公司邮递员弗雷德，几十年如一日送邮件，无一差错，他的事迹被广为传播。正因为有弗雷德这样一批邮递员，使美国联合递送公司在众多竞争对手中，傲然挺立，兴旺发达……

以上故事告诉我们，看似简单的事情，要把它做到最好就不简单，非常不容易。看似简单的事情做到最好就会创造出奇迹。其实，人们所谓的成功、奇迹，都是一件件简单事情的积累。一架飞机、一枚导弹、一艘航空母舰……庞然大物够复杂吧，可是它们都是由无数个大大小小的零件、部件、系统等组成的。它们的性能、质量、安全可靠等，全靠每一个零件、元件、系统，每一道工序是否做到最好，做到极致。再大、再复杂的事物都是由简单的小事物组成，只有做好每一件小事物，大事物才能好，才能牢固，才能傲然屹立。所以每一位青少年，从小培养自己做事认真、有耐心、有恒心的心理素质是极为重要的。

第十二章 培养孩子心系祖国

祖国是孩子诞生的地方，也是他们学习成长的地方，更是他们赖以生存和施展才华的地方。等孩子到了一定年龄，必须对其进行心系祖国的教育。

父母要常给孩子讲关于祖国的故事

"无家可归"说明有家才能归，每个人都需有个家，不然就无家可归，祖国就是每个人的家。每个人还有具体的家，国家富裕了，每个家就幸福；国家强大了，没有人敢欺侮我们，每个家就可安居乐业。国家或祖国是具体而非抽象的：我国改革开放四十多年经济飞速发展，**成就辉煌**，十四亿中国人民丰衣足食；发生自然灾害时是国家组织救**援；我国公民权益**在国外受到侵犯时，是我国政府出面来维护他们的**权益**……父母要通过身边的故事，看央视《走遍中国》《远方的家》，看《辉煌中国》等祖国几十年发生的巨变；看十几年扶贫所取得的巨大成就；听听富起来的工人、农民，搬出大山的群众，灾难中被救治、被安置的灾民，他们发自内心、真诚的对党对国家的呼声和赞美等，这些谁看了、谁听了，谁能不激动、谁能不为祖国骄傲……父母用这活生生的事实，向孩子宣讲中国共产党的先进性、社会主义的优越性和祖国的伟大……

我国无数的科学家、学者和海外学子，他们都说：**"科学没有国界，但科学家有祖国。"** 新中国成立初期，到处是旧社会留下的创伤：经济凋敝、社会尚未稳定、物资匮乏、人民生活困难……可是在国外享受优越科研条件、优厚生活待遇、宁静环境的一批批科学家纷纷回国，例如钱学森、钱三强、钱伟长、邓稼先、李四光等。特别要指出的是钱学森，他是世界顶尖科学家，是美国一流空气动力学家、火箭专家，美国设下重重障碍，甚至进行种种迫害阻挠他回国，他矢志不移地同美国政府做殊死斗争，在中国政府的帮助下经过五年多的不懈努力，终于回到了祖国的怀抱。这些都是非常动人的故事，应该在学生中进行宣传教育。

祖国是神圣的

祖国在每个人的信念里和心目中是崇高无上的。我们的边防战士在崇山峻岭中、在冰天雪地里、在空气稀薄呼吸困难的山脊上、在炙烤的沙漠里、在浩瀚的孤岛上……为祖国守边防、守要塞、守海疆，要多苦有多苦，但从不叫苦，也不怕苦，因为祖国是神圣的；我们的外交人员在异国他乡，为维护祖国的尊严、祖国的利益，为保护我国公民在他国的生命财产安全，辛辛苦苦工作，同敌人、同敌对势力进行危险和巧妙的斗争，每年都有外交人员因种种原因致残或献出生命，祖国在外交人员心目中是神圣的、至高无上的；我国的运动员参加世界性比赛，为祖国拼搏。当他们打败对手时，就身披国旗在运动场跑动，让世人看到他为祖国争了光。当我们的运动员拿到冠军上台领奖时就有国旗在飘扬，此时此刻许多运动员都为祖国增光彩而流下热泪。在运动场或其他场合有人对我国不尊重、诬蔑攻击时，我们的运动员和其他人员为祖国尊严，立即挺身而出，给予严厉批驳和坚决斗争。我们的运动员、在国外的建设者们，心里一直装着祖国；我国在国外的维和部队、护航编队、医务工作者，他们冒着生命危险同各式各样的敌人做斗争，有的献出宝贵生命，永远长眠在异国他乡。但是他们的祖国的名字——中国，像一盏明灯闪烁在异国的大地和天空……

我国各条战线的建设者、科研人员，他们为祖国的强大、为祖国的辉煌，酷暑寒冬、风餐露宿，在大山里，在大江、大河和大海里，日夜奋战，人间的苦辣酸甜他们都受了，常人无法忍受的苦他们也受了。他们用智慧、汗水甚至献出生命，使我国成为制造业强国，交通基础设施走在世界前列，有许多技术与设备为世界一流……

我们做父母的，要想使自己的孩子成材，做一番事业，一定要向他们宣传我们的先辈和当代建设者，为使祖国强大、祖国辉煌所做出的巨大贡献，来激励孩子，振奋他们的精神，使他们胸怀大志，心系着祖国。

"我要使祖国更强大"

热爱祖国，使祖国强大，是每个年轻人与生俱来的使命。我国一百多年的近代史，是一部充满血和泪的屈辱史。我们每一个人都要牢记这一段历史。落后就要挨打，就任人宰割。我们的先辈们为洗刷这段屈辱史，前赴后继、英勇战斗、不怕牺牲，用上千万同胞的生命换来了新中国的诞生。

每一代人有每一代人的使命。我们的中学生、大学生，你们有的即将走上工作岗位，有的过不了几年也要走上工作岗位，祖国更强大的使命正等待你们。你们不但要掌握更先进的技术，而且要热爱祖国并拥有强烈的使命感。

每个青年人的信条都应该是爱国、敬业、诚信和友善。你秉承爱国精神、为祖国增添光彩，你的智慧的阀门才会完全打开，你才不会虚度年华，你将永葆青春。你胸怀祖国，你才能敬业，才会兢兢业业。我国援非医疗队中有一位梅永久大夫，牢记使命，他说："祖国派我到非洲来为非洲朋友治病，在当地人眼里我就代表中国。"他敬业，日夜操劳，治好一个又一个病人，而他却累死在工作岗位上。我国政府和当地人一起为梅永久大夫建了一座墓，树立了墓碑，镌刻着"梅永久之墓"五个大字，翠绿松柏相掩。当地已有几代人为他守墓，他们说梅永久大夫是我们的中国朋友，是为我们而死的，我们要永远为他守墓。梅永久大夫的敬业和牺牲赢得非洲人的尊敬，在他们心目中，中国是伟大的，中国人是真心实意为他们治病的，是值得尊敬的。

21世纪初有一伙年轻人来到深圳研发小型无人机。他们说外国有的我们要有，外国没有的我们也要有。他们废寝忘食，大开智慧阀门，只用了四五年时间就研发出多款小型智能无人机，其技术水平让外国人刮目相看。以某国为例，他们的无人机都是单兵作战，互不联系，而我们研发的智能无人机上天以后，彼此可以互相交流、互通信息，联合作战，外国称之为可怕的航母杀手。这一利器使祖国骤然强大。

中国有一位留学生叫唐某某，在美国马里兰大学读研究生——机器人专业，2016年年初毕业回国发展。经过短短一年半时间，这小伙子智慧之泉让人刮目相看，他研发的机器人竟荣获国家科技奖，并受到国家领导人的接见和鼓励。这样类似的例子还很多，天天都有一批批年轻人为祖国的强大锦上添花。

青年人是祖国的未来，是祖国的希望之光。你们积蓄起来的知识、智慧，就要派上用场。做父母的要尽职尽责，为孩子保驾护航，使自己的孩子展翅高飞，让**"我要使祖国更强大"**成为每个孩子的信条。

后 记

我和每一位老人一样，都经历过幼年、童年和青少年，现在仍然能记起父母亲对我的言传身教。实际上父母不需要对我说很多，因为我的整个青少年都是在兵荒马乱和贫困中度过的；从我记事起，父母就起早贪黑地劳动、躲战乱，全家能够安稳和吃一顿饱饭的日子并不多，这本身就是一本活生生的育人教科书。

自从我有儿女以后，又遇上了饥荒和"文革"动乱。尽管他们经历的时间比我童年时间短，但这段时光，他们也吃过不少苦，在人生道路上给他们留下了深刻的印象。当然这段经历也锻炼了他们，对他们的成长也有一定的好处。因为后来，我们经常在一起回忆那个什么东西都凭票的年代，油极少、肉极少、水果极少、没有细粮的岁月；偶尔买条鱼或一点肉改善一下生活，看孩子们狼吞虎咽的样子，我们全家人都没说什么，但却都在想：有鱼有肉的日子该多好啊！苦一些也好，它使人坚强，使人等待、奋斗，去争取有希望的明天……我的三个孩子长大了，他们各方面都不错，我想这和他们小时候吃了些苦不无关系……

作为父母，我们要注意观察孩子成长过程中生理、道德、人品、性格、心理素质和需求等方面的变化。但在孩子教育上，说实话，在那个年代，多数父母都没有多少精力去管孩子。不是时间问题而是动乱、思想混乱，学校停课，不知道给孩子讲什么。尤其像我这样在"文革"中被触及的人，自己老想着如何不受皮肉之苦，如何"过关"，如何尽快"解放"……说实在的，想孩子的事很少。那时父母能做的事，就是常跟孩子说一句话："你们要学好，不要乱说话。"更多的是关心他们的健康，不要生病（医院上班不正常），照顾他们的安全。在那个年代，生活内容简单到不能再简单了：没有电话、没有电视、没有广播、没有文艺活动，也没有娱乐场，商店很少……所有的孩子除吃饭、睡觉、上学外，都是三五成群地玩藏猫猫、用五块骨头玩所谓"嘎啦哈"（女孩）、抢皮球、踢毽子等。那时的孩子非常单纯，无须进行很多教育和管教。

改革开放以后情况完全变了。我的孩子大了，工作了。我开始注意周围孩子的情况，看到了各式各样父母对待孩子的情况。每当我看到活泼可爱、生气勃勃的孩子，我都要驻脚看呀想呀，每当我看到德智体健康成长的高中生、大学生，工作勤奋努力的青年人，像一朵朵鲜花在绽放，我就心潮澎湃，我对他们未来充满遐想和希望；每当我看到一些孩子，因为后天的疾病、延迟治疗或服药不当，使孩子落下这样或那样的残疾，或孩子不懂安全知识而致残，给孩子造成的痛苦和各方面的不便时，我就想如果家长、幼教老师和医生能多尽一份爱心、关心、细心，使孩子不出现这样或那样的残疾该多好啊；每当我看到或听到青少年犯罪，就感到十分痛心，小小年纪要在监狱里流逝最宝贵的一段年华，真是可惜。于是在我内心里就发出一种谴责：这些犯罪青少年的父母尽到养、教的责任了吗？你既然生了孩子，你就要把孩子养好、管理好、教育好，这是你们的义务和天职。

我们还看到另外一种情况，一些孩子很聪明，学习成绩也很好，可是性格不好，胸怀狭窄，不豁达，爱计较，"既生瑜何生亮"，容纳不了别人。这种性格的孩子，他的健康、他的事业、他的人生都会受到很大的影响。对于性格不健康的孩子，一些父母偏偏不当回事，使孩子走向极端，不但害了自己，甚至殃及别人。我们还看到一些性格不健康的青年人，在家里和父母或妻儿说话和蔼可亲，在外面和同事要么说话很少，要么说话很难听；又有一些人正相反，在外面侃侃而谈，在家里几乎没有交际，偶尔有交际时，要么说话很不好听，要么阴阳怪气。性格不健康的青少年，对他们将来的婚姻家庭、事业、人生，都很有影响。

总之，在孩子成长过程中，我们亲眼看到一些父母教育孩子尽职尽责，孩子很优秀；一些父母关心不够，管理没跟上，孩子本来很优秀，后来变得很一般；还有一些父母脾气暴躁对孩子打骂训斥，使孩子性格产生畸形；也有些父母对孩子不关心、疏于管理，让孩子"野长"而最后走上犯罪道路的……我们总认为父母对自己孩子教育、关心、管理等下功夫的程度与孩子德智体健康成长成正比。

我在美国图书馆工作了十多年，看到了各式各样的美国父母，也看到了形形色色的孩子。在他们身上我看到了许多优点、长处，同时也看到了不少我们难以认同的地方。这里有文化上的差异，也有实际问题。他们在教育孩子方面的优点、长处，我们应该取其长，不足的地方我们要戒其短。

我一直在考虑一个问题，当一个孩子受到一些压力时，会走上轻生的道路，或者孩子会采取极端行为——拿刀、拿铁锤、拿枪——去对付给他施压的父母、老师或其他人。我们看到的往往是急急忙忙、毫不犹豫地从各个方面对造成悲剧的家庭、学校、社会进行检讨，甚至谴责。我们从没有看到过有谁站出来，对这个孩子承受压力的能力进行反思。我们的孩子大部分都是独生子女，他们在成长过程中，追求快乐和幸福，是无可非议的，更是无罪的。但是我们的孩子却很少想到，甚至忘却苦难、困难、压力等，一旦苦难、困难、压力突然降临，他们没有应变措施，没有对抗力量。

我们不能忽视苦难、困难和压力的必然性，也不能忽视它们对于我们生命的价值。有些苦难、困难、压力是孩子成长过程中无法回避的元素，它们和孩子的成长结伴而行。我们都崇拜安徒生童话故事，可是它大部分是悲剧性的，是忧伤的、苦难的和痛苦的，但也是美的。

苦难几乎是永恒的。每一个时代，有每一个时代的苦难，苦难绝非今天才有的。我们的父母既要讲今天的美好生活，又要讲今天的孩子可能要遇到的苦难和痛苦。人类的历史不是一部快乐史和幸福史，而是一部苦难史。少年时就有一种对苦难的风度，长大时才可能成为一个强者。

多年来我们一直关注家庭教育，收集这方面的资料；王玲一直从事教育工作，长期担任班主任，是一位优秀教师，积累了很多学生教育方面的资料。我们的书就是在此基础上写出来的。这本书我们想献给有孩子的父母做参考，尽职尽责地把自己的孩子照顾好、教育好，使孩子在成人和成材道路上健康成长。孩子好，父母安心，孩子有出息，父母有成就感；孩子出了问题，不但毁了孩子的前程，父母也一生痛苦……